Inhaltsverzeichnis

Vorwort 4

   Nägelkauen: Wie alles begann 4

   Was erwartet Dich? 6

   Wer bin ich überhaupt 8

Kapitel 1: Das Phänomen Nägelkauen 11

   Die Verbreitung 11

   Das Erscheinungsbild 13

   Die medizinische Betrachtung / DSM-5 & ICD-10 17

   Ursachen für das Kauen 20

   Therapiemöglichkeiten beim Nägelkauen 26

Kapitel 2: Wie Gewohnheiten unser Leben beeinflussen ... 35

   Gewohnheiten 35

   Die Gewohnheitsschleifen 39

   Gewohnheiten ablegen 43

   Der Habit Stack 50

   Umgebung schaffen 53

Kapitel 3: Die innere Einstellung 57

   Die Frage nach Identität 57

   In zwei Schritten zur neuen Identität 65

Kapitel 4: Habit Reversal Training 69

    Einleitung HRT 69

    Die Methode... 71

    Die Studien 77

    Die Ergebnisse 80

Kapitel 5: Schritt für Schritt Anleitung.............................. 83

    Schritt 1: Das Tagebuch 83

    Schritt 2: Die konkurrierende Tätigkeit 88

    Schritt 3: Umgebung schaffen...................................... 91

    Schritt 4: Motivation & Partnerschaft 93

    Schritt 5: Erfolge feiern... 96

Schlussworte 100

Literaturverzeichnis 102

Bibliografische Information der Deutschen Nationalbibliothek: Die Deutsche Nationalbibliothek verzeichnet diese Publikation in der Deutschen National-bibliografie; detaillierte bibliografische Daten sind im Internet über dnb.dnb.de abrufbar.

Herstellung und Verlag: BoD – Books on Demand, Norderstedt
2. Auflage

ISBN: 978-3-7578-2977-3

Vorwort

Nägelkauen: Wie alles begann

Das erste Nägelkauen ereignete sich ganz unspektakulär und genauso wenig nahm ich dieses Verhalten bewusst wahr. Ich befand mich in der Grundschule und hatte die erste herausfordernde Hausaufgabe erhalten. Ich merkte, dass ich zum ersten Mal eine Lösung nicht direkt parat hatte und mit der Aufmerksamkeit zu kämpfen hatte. Die Lösung des Rechenweges war alles andere als offensichtlich, jedenfalls nicht für mich. Dabei lag es nicht per se am falschen Schulfach, sondern an der Tatsache, dass mich das Unwissen so stark ins Wanken brachte, dass ich dieses nervöse Gefühl kompensieren musste. Warum ich mich zum Kauen entschied, war vermutlich der Umstand, dass meine Finger immer in Reichweite waren und es die schnellste Stimulation bedeutete. Dieser Stress musste letztendlich kanalisiert werden und wie bei vielen anderen Kindern und Jugendlichen, führt dies auch bei mir zu einer Regelmäßigkeit, welche nicht abzusehen war.

So wie mir, ist es vielen anderen auch ergangen. Bedenkt man, dass 30% der Kinder zwischen fünf und zehn Jahren an den Nägeln kauen, ist es rein statistisch gesehen nicht einmal unwahrscheinlich. Doch im Gegensatz zu den meisten anderen hat sich das Thema bei mir nicht von selbst erledigt, sondern immer so weiter durch mein Leben gezogen. Die Tragweite dieser Problematik muss ich Dir eigentlich nicht verdeutlichen, denn diese ist dir mit Sicherheit bewusst. Das sind diese profanen Ereignisse, in denen man sich wünscht, man hätte die Stärke, das Kauen einfach sein zu lassen. Situationen, in denen man sich schämt und versucht, die Hände vor dem Gegenüber zu verstecken: beim Vorstellungsgespräch, beim ersten Date oder im Schwimmbad.

Bis zu dem Punkt, mich mit den in diesem Buch vorgestellten Studien und Methoden zu befassen, liegen unzählige Versuche hinter mir, dieses Laster ein für alle Mal abzulegen. Ich habe so ziemlich alles versucht, von Tinkturen über Tagebücher bis hin zu Alternativmethoden. Nichts hat mein Verhalten langfristig ändern können. Darüber hinaus gibt es fast keine Literatur oder Beschäftigung mit dem Thema in der Öffentlichkeit. Trotz der großen Zahl an Nägelkauern, sind diese Personen oftmals froh, wenn diese Problematik nicht an die große Glocke gehängt wird. Man isoliert sein Laster und ist froh, wenn man unbehelligt durch den Alltag schreiten kann. Aus diesem Grund habe ich mich dazu entschlossen, die Erfahrungen aus wissenschaftlichen Studien und dem Alltag in diesem Buch zu vereinen und jedem die Möglichkeit zu geben, sein Leben positiv zu verändern.

Besonders wichtig ist mir zu sagen, dass es okay ist, dass Du dieses Laster hast und es ein Teil von Deinem Leben ist. Man mag diese Seite an sich nicht mögen oder sogar verachten, dennoch ist es nicht Deine Schuld, dass Du bis heute nicht davon weg gekommen bist. Viele halbherzige Ratgeber geben lapidare Tipps und bei jedem Scheitern denkt man sich umso mehr, wie schwach man doch eigentlich ist. Jetzt ist endlich Schluss damit und wir packen das Problem bei der Wurzel, ohne lediglich Symptome zu behandeln.

Was erwartet Dich?

Das Buch soll Dich in mehreren Aspekten auf dem Weg in eine kaufreie Zukunft begleiten. Zunächst einmal gehen wir tiefer in die Materie des Nägelkauens hinein. Das bedeutet konkret, dass wir uns das Krankheitsbild vor Augen führen, damit wir die später vorgestellten Methoden auch bestmöglich anwenden können. Wir schauen uns an, welche psychologischen Hintergründe Einfluss nehmen und welche Methoden in der Regel keinen langfristigen Erfolg verzeichnen werden.

Darüber hinaus gehen wir auf die Wichtigkeit von Gewohnheiten und Routinen ein. Was sind Gewohnheiten, wie entstehen diese und wie können wir sie für unsere Zwecke nutzen? Ferner analysieren wir in diesem Zuge die zerstörerische Kraft negativer Gewohnheiten.

Im finalen Part bekommst Du eine 1:1-Anleitung an die Hand, wie Du das Kauen auf Dauer komplett abstellen kannst. Die Zielerreichung ist dabei fast sicher, jedoch sind dafür ein paar simple wie essenziell wichtige Vorbereitungen zu treffen.

Ich habe großen Wert darauf gelegt, dass dieses Buch als Arbeitsbuch (neu-deutsch: Workbook) dient. Das bedeutet, dass Du den Inhalt nicht nur kon-sumieren wirst, sondern auch gleichzeitig in diesem Buch arbeiten kannst. Dadurch nimmst Du Deine Gesundheit in die eigene Hand und verlässt Dich nicht auf eine plötzliche Sinneswandlung. Diese wird nämlich in keinem Fall nur durch das Lesen von ein paar Seiten ohne die entsprechende Umsetzung eintreten. Wir analysieren dabei, in welchen Situationen Du zum Kauen ten-dierst und mit welcher Methode Du dies automatisch unterbinden kannst. Darüber hinaus pflegen wir Motivations-Mechanismen ein, welche Dich eine sehr lange Zeit ohne Aufwand begleiten werden und damit den Erfolg sicher-stellen.

Du erhältst Einblick in eine wissenschaftlich bewiesene und wirklich effektive Therapie, welche mit meinen eigenen Erfahrungen und weiteren Hilfestel-lungen kombiniert werden. Am Ende erhältst Du dann eine Blaupause für eine richtungsweisende Veränderung in Deinem Leben. Die Umsetzung wird so einfach von statten gehen, dass Du diese ohne Einschränkungen in jeden möglichen Alltag einbinden kannst. Der Zeitaufwand tendiert dabei gegen Null!

Du glaubst vielleicht, dass es sich bei Dir um einen sehr speziellen Fall oder harten Brocken handelt? Glaub' mir, das war ich auch. Hätte ich bloß an meinen Fingernägeln gekaut, wäre ich vermutlich noch froh gewesen. In stressi-gen Zeiten ist es so weit gekommen, dass ich auch alle umliegenden Haut-partien um die Fingernägel herum und die sportbedingte Hornhaut auf mei-ner Handinnenfläche abgebissen habe. Wenn ich den Absprung schaffen konnte, dann wird auch jeder andere mit diesem Laster fertig werden - da-von bin ich überzeugt!

Wer bin ich überhaupt

Mein Name ist Marino Scholze und ich komme aus Südwestfalen. Geboren bin ich im Jahr 1991 und war seit Ende der 90er Jahre leidenschaftlicher Nä-gelkauer. Dieses Laster hat mich über zwei Jahrzehnte verfolgt. Alles begann in der Grundschule und manifestierte sich dann zunächst auf dem Gymna-sium und nach dem Abitur in der Berufsschule. Nachdem ich dem Betrieb, in dem ich meine Ausbildung machte, nach 15 Monate den Rücken kehrte und mich für ein Studium der Betriebswirtschaftslehre entschied, war das Thema Nägelkauen immer noch Teil von meinem Leben - und das mit 23 Jahren.

In dieser ganzen Zeit habe ich zwar schon einige Methoden versucht umzu-setzen, der Kern des Problems wurde dabei aber nie angegangen. Diese Me-thoden mögen für leichte Fälle eine echte Bereicherung gewesen sein. Je-doch verlor ich nach wenigen Tagen immer wieder den Faden und ein Rück-schlag ließ mich wieder in alte Muster verfallen. Auch die Herangehensweise der Techniken war für mich nicht praktikabel. Sie waren auf der einen Seite ineffektiv und auf der anderen war die Herangehensweise etwas sperrig. Es gab keine klaren Anweisungen, immer nur vage Formulierungen für die eigentliche Umsetzung. Das macht es nicht einfacher und fördert enorme Unsicherheiten bei schwierigen Situationen.

Was mich besonders gestört hat, war die Symptombekämpfung der Methoden. Die eigentliche Heilung des inneren Zwangs war in der Regel kein Teil davon. Erst nach Abschluss des Studiums kam mir der Gedanke, mich wissenschaftlich mit dieser Thematik zu befassen.

Nachdem ich das Kauen anhand der in diesem Buch dargestellten Methode aufgeben konnte, wollte ich dies in geballter Form auch anderen Menschen weitergeben. Für die Umsetzung dieses Buchprojektes kam mir vor allem mein Drang, Dinge leicht und verständlich zu ordnen, zur Hilfe. Diese Zusammenstellung diverser wissenschaftlicher Studien und Bücher zur Gewohnheitsveränderung kanalisierten sich in den folgenden Kapiteln.

Besonders wichtig war mir, diese Studien und Quintessenzen verschiedener Bücher in eine einfache Form zu bringen und daraus resultierend eine Anleitung zu erstellen. Wir analysieren dabei, in welchen Situationen wir zum Nägelkauen tendieren und welchem Typ wir dabei entsprechen. Dann erarbeiten wir eine Ersatzhandlung, welche das Kauen entbehrlich macht und dennoch die gewünschte Stimulation erreicht. Zu guter Letzt kombinieren wir diese Methode mit einem Erfolgstagebuch, um die Motivation und Erfolge visuell festhalten zu können.

Meine Mission ist es Menschen ein erfüllteres Leben zu ermöglichen. Zum einen soll natürlich die Gesundheit verbessert werden, auf der anderen Seite soll die Veränderung aber auch zu einem neuen Selbstbewusstsein führen, welches in allen Bereichen des Lebens eine Aufwertung vollziehen wird.

Kapitel 1: Das Phänomen Nägelkauen

Die Verbreitung

Zunächst einmal schauen wir uns das Nägelkauen aus der Vogelperspektive an. Das ist wichtig, um eine Gesamtübersicht der negativen Angewohnheit zu bekommen und diese besser für das eigene Tun einordnen zu können. Dabei wird auch schnell deutlich, dass wir mit dem Problem nicht alleine sind und es schon als eine Art Volkskrankheit angesehen werden kann.

Einer amerikanischen Studie[29] zufolge, kauen 43 % aller Kinder, 25 % aller Studenten und 10 % aller Erwachsenen an den Fingernägeln. Im Gesamtschnitt kaut demnach mehr als jeder fünfte Mensch an den Nägeln. Das bedeutet für Deutschland, dass 18.000.000 Menschen täglich an ihren Fingernägeln kauen. Anhand detaillierter Zahlen wird deutlich, dass das Nägelkauen mit dem Alter tendenziell abnimmt. Im Alter von 3-15 nimmt die Wahrscheinlichkeit rapide zu, zwischen 16-37 Jahren sinkt diese wieder auf einen deutlich geringeren Wert.

Interessant ist dabei zu beobachten, dass das Kauen bei Jungen und Mädchen bis zur Pubertät in etwa gleich häufig vertreten ist. Später jedoch, wird im Alter von 18-28 Jahren ein deutlicher Unterschied festgestellt[13]. Bei den Männern kauen 29 % und bei den Frauen nur noch 19 %. Dies lässt darauf schließen, dass Mädchen diese kindliche Verhaltensweise tendenziell eher ablegen können als Jungen. Die Theorie besagt, dass Mädchen durch das Kauen eine größere soziale Missbilligung erfahren und demnach durch diese Motivation von außen eher mit dem Kauen aufhören können. Darüber hinaus stellen wohlgeformte Fingernägel eine Art Schönheitsideal dar. Die folgende Abbildung verdeutlicht den Unterschied der Geschlechter:

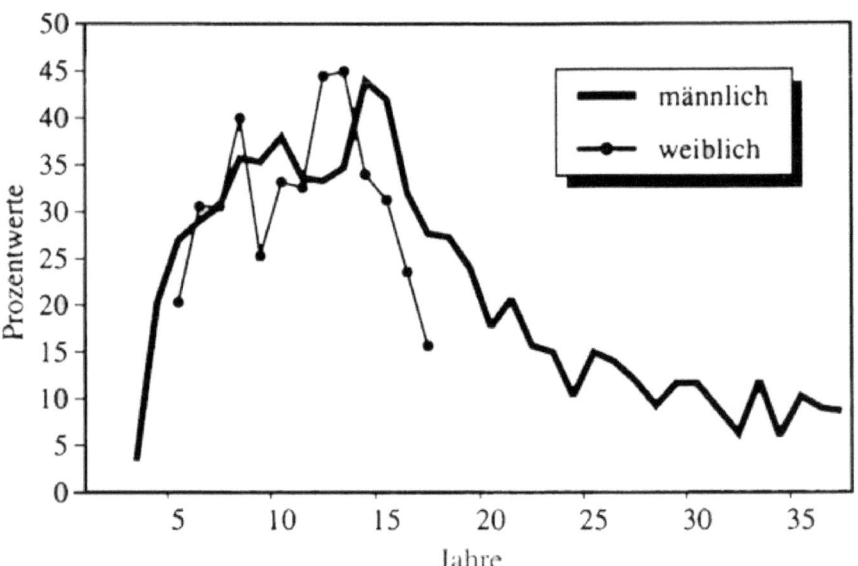

Quelle: Anpassung in Anlehnung an Pennington (1945)[29]

Bis zum Alter von circa vier Jahren erfolgt in der Regel keine Erstmanifestation beim Nägelkauen. Danach steigt die Kurve bei den Jungen rasant an und erreicht im Alter von 15 Jahren ihren Höhepunkt mit 45 %. Bei den Mädchen beginnt das Kauen ein Jahr später, gleicht sich aber bis zu einem Alter von

14 Jahren recht schnell an. Danach sinkt das Kauverhalten auf weiblicher Seite sehr rasch wieder ab, ein Grund wurde eben bereits angesprochen. Bei den männlichen Zahlen erkennt man allerdings auch, dass das Kauen ab 16 Jahren kontinuierlich sinkt. Hierbei ist jedoch auch der große Unterschied zu erkennen: Der Anteil an Nägelkauern erreicht zwar mit Mitte 30 seinen tiefsten Punkt (5-10 %), allerdings bricht die Kurve bei den Frauen ab 18 Jahren komplett ab. Dies bedeutet, dass im Erwachsenenalter eher Männer von dem Phänomen betroffen sind. Aufgrund der fehlenden Daten bei Frauen ist davon auszugehen, dass sich dieser Graph an dem der Männer annähert, aber immer deutlich unter diesem verläuft.

Neben dem Geschlecht konnten viele weitere Studien hinsichtlich der Verbreitung keine klaren Muster erkennen. Dabei wurden diverse Merkmale untersucht: Alter, Geschlecht, sozialer Status, Herkunft, Bildung, Geschwisteranzahl.

Das Erscheinungsbild

Die Fingernägel haben die Funktion, den mechanischen Schutz der Fingerkuppen sowie der Zehenspitzen zu gewährleisten und unterstützen uns darüber hinaus beim Greifen von Gegenständen. Dabei ist das Nägel-Wachstum individuell unterschiedlich und variiert zwischen 0,5 und 1,2 mm pro Woche[5]. Diese Werte wirken erst einmal unscheinbar, doch in der Praxis hat dies einen sehr ansehnlichen Effekt zur Folge. Alleine wenige Tage ohne Kauen zeigen schon deutliche Erfolge, vor allem, wenn der Nagel über das Nagelbett hinausragt.

Die meisten Nägelkauer beschränken sich nicht auf einen Finger, sondern beschädigen in der Regel alle zehn Fingernägel. In 13 % der Fälle werden Finger verschont und sich nur auf wenige Finger spezialisiert[24]. Darüber hinaus wird das anliegende Hautareal oftmals hinzugezogen, was zu einer deutlichen Verschärfung des Problems und der Ästhetik führt. 57 % der Nägelkauer beißen bis auf das Nagelbett hinunter ab[25]. Oftmals wird die Haut an der Fingerkuppe ebenfalls hinzugezogen. Dabei ist es typisch, dass die Person auf eine gleichmäßige *Bearbeitung* achtet. In diesem nicht seltenen Fall sollen alle Nägel oder Hautstellen in ähnlicher Weise lang sein, um ein halbwegs stimmiges Gesamtbild zu erreichen. Das führt dazu, dass die Person durch ständiges Weiterkauen das Erscheinungsbild zu regulieren versucht. Dies mündet in eine negative Gewohnheitsspirale, welche ohne Entgegenwirken dauerhaft weitergeführt wird.

Einer Studie zufolge ist der klassische Nägelkauer 10-30 mal täglich an seinen Fingern aktiv, manchmal sogar wesentlich häufiger[9]. Dabei ist es nicht selten, dass die Hautareale bluten und enorme Schmerzen verursachen. Das hat zwar keine negativen Auswirkungen auf das Wachstum - das Gegenteil ist sogar der Fall[4] - doch bilden sich dadurch Deformierungen und unregelmäßige Vertiefungen in den Nägeln. Das Kauen wird dabei durch das soge-nannte *Knibbeln* noch verschlimmert: Durch Zuhilfenahme eines Fingers wird ein anderer Finger bearbeitet, ganz ohne Einsatz der Zähne. Auch diese Gewohnheiten rechnen wir dem Gesamtphänomen hinzu. Selten sind hinge-gen Personen, welche die Zehennägel oder Drittobjekte (z.B. Stifte) zusätz-lich bearbeiten.

Da viele Nägelkauer die Stücke zerkauen und schlucken, ergibt der griechi-sche Fachbegriff zu diesem Phänomen Sinn. *Onychophagie* bedeutet wort-wörtlich übersetzt *Nagelessen*. Sollte dies bereits Unbehagen und Ekel in Dir auslösen, dann weißt Du zumindest, dass das Aufhören nicht an Deiner Ein-stellung scheitern wird.

Das Nägelkauen wird typischerweise in vier aufeinander folgende Sequen-zen[6] eingeteilt:

1. Die Hand wird an den Mund geführt.
2. Der entsprechende Finger wird schnell am Mund platziert.
3. Eine Reihe krampfartiger Bisse folgt, der Nagel wird dabei an die Kau-kante (Zähne) gepresst.
4. Der Finger wird weggezogen und es erfolgt eine visuelle sowie haptische Inspektion.

Bemerkt die kauende Person, dass sie bei diesen Sequenzen beobachtet wird, beendet sie den Vorgang in der Regel abrupt. Es wird hierbei deutlich, dass das Schamgefühl bei fast jedem an den Nägeln kauenden Menschen vorhanden ist. Man weiß um seine negative Angewohnheit, welche bei Außenstehenden einen Ekel hervorrufen kann, und versucht, dies nicht nach außen dringen zu lassen. Diese Sequenzen dauern in der Regel zwischen 40 Sekunden und mehreren Minuten. Im Gegensatz zu einem motorischen Tic (z.B. Tourette....) kann das Nägelkauen jederzeit unterbrochen werden. Neben dem grundsätzlichen Problem, dass die andere Person das Verhalten missbilligt, kann es für Menschen auch in anderen Lebenslagen ein Problem sein, dass sie regelmäßig den Zwang haben zu kauen. Gerade in der geschäftlichen Welt werden solche Personen oftmals in eine Schublade gesteckt. Gerade in oberen Führungsetagen ist es nicht tragbar, eine so nervös wirkende Person einzustellen. Ob dies tatsächlich ein Grund für eine Nichteinstellung darstellt, kann natürlich nicht pauschal beantwortet werden. Es ist jedoch alles andere als förderlich, einen so offensichtlichen Kontrollverlust dauerhaft nach außen zu tragen.

Neben diesen gesellschaftlichen Problemen hat das Kauen natürlich auch physische Schäden zur Folge. Finger können sich leicht entzünden, die Zahnwurzel kann sich durch das Kauen zurückbilden und das Risiko einer Krankheitsübertragung ist deutlich erhöht. Aus diesem Grund habe ich damals, als ich selbst noch sehr viel gekaut habe, überdurchschnittlich oft meine Hände gewaschen. Ich konnte den Gedanken nicht ertragen, mich durch das Kauen mit einer Krankheit anzustecken - das Kauen zu beenden kam mir damals zu abwegig vor, zu stark war das Verlangen. Die Risiken wurden in Kauf genommen, um die gewünschte Stimulation zu erreichen.

Die medizinische Betrachtung / DSM-5 & ICD-10

Ist das Nägelkauen bloß eine negative Angewohnheit oder kann man hierbei schon von einer Krankheit sprechen? Aus dem Kauen wurde in der Vergangenheit meist auf eine psychische Störung bzw. eine Neurose geschlossen[35]. Darüber hinaus galt dieses Verhalten als Anzeichen für Angst und nervöse Anspannungen[11], welche besonders bei Hyperaktiven und leicht erregbaren Kindern auftraten. Das Kauen ging dabei auch oft mit anderen habituellen Verhaltensweisen, wie dem zwanghaften Ausreißen von Haaren (Trichotillomanie), einher[15].

Zusammenfassend lässt sich sagen, dass das Kauen bei Kindern in der Literatur eher als normale und vorübergehende Verhaltensaktivität angesehen wird, quasi als dumme Angewohnheit, welche in der Regel keinen Grund zur Besorgnis gibt. Die Prognose für Kinder und Jugendliche ist auch ohne explizite Behandlung sehr gut[42].

Hält sich das Kauen allerdings bis ins Erwachsenenalter an, dann ist mit einer spontanen Heilung oder einem zurückgehenden Bedürfnis selten zu rechnen. Die Forschung besagt, dass beim Nägelkauen eine Verbindung zu psychischen Störungen nicht gänzlich ausgeschlossen werden kann. In einer Studie[22] nägelkauender Erwachsener erfüllten 17 von 25 Personen Kriterien für mindestens eine psychische Störung im Laufe des Lebens:

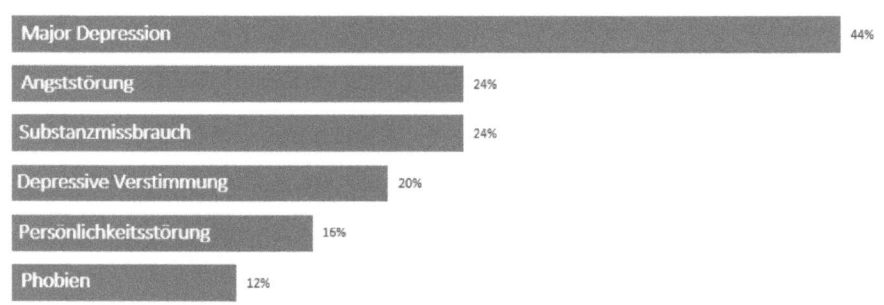

Major Depression	44%
Angststörung	24%
Substanzmissbrauch	24%
Depressive Verstimmung	20%
Persönlichkeitsstörung	16%
Phobien	12%

Quelle: Eigene Darstellung in Anlehnung an Leonard et al. (1991)[22]

Dies ist lange kein Beweis für die Theorie, allerdings besteht Grund zur Annahme, dass bei Nägelkauern andere Probleme häufig im Zusammenhang dazu stehen. Es ist zudem nicht klar, ob das Kauen Ursache oder Folge dieser Störungen ist oder ob diese überhaupt damit in Verbindung stehen.

Recherchiert man in der Ausgabe „Diagnostischer und statistischer Leitfaden psychischer Störungen"[39], kurz DSM-5, findet man das Nägelkauen in keiner expliziten Kategorie.

Im ICD-10 der Weltgesundheitsorganisation wird das Nägelkauen unter F98.8 geführt[14]: „Sonstige näher bezeichnete Verhaltens- und emotionale Störungen mit Beginn in der Kindheit und Jugend". Kurz gesagt: Das ICD-10 (Internationale statistische Klassifikation der Krankheiten und verwandter Gesundheitsprobleme) ist das wichtigste, weltweit anerkannte Klassifikationssystem für medizinische Diagnosen. Das Kauen wird dabei im gleichen Atemzug neben Daumenlutschen, exzessiver Masturbation und Nasenbohren genannt.

Diese beiden Beispiele machen deutlich, dass die Diagnostik des Nägelkauens deutlich erschwert ist. Ärzte und Forscher nutzen in ihren Nachforschungen dementsprechend eigene Kategorien oder Diagnoseklassen, was einer Vereinheitlichung natürlich entgegenwirkt.

Dementsprechend werden auch Therapiemaßnahmen nicht verschrieben oder empfohlen, weil das Nägelkauen als Randerscheinung wahrgenommen wird. Trotz der vielen Betroffenen, wird sich dem Thema nicht in dem nötigen Maße angenommen. Dieses Buch versucht dem entgegenzuwirken, vor allem durch die empirisch bewiesene Therapie, welche im Verlaufe des Buches vorgestellt wird.

Ursachen für das Kauen

Wie schon dargestellt, entwickelt sich das erste Kauen in der Regel im jungen Alter zwischen 5 und 9 Jahren. Genau in dieser Zeit hatte sich das Kauen auch in meinem Leben manifestiert. Die Forschung hat diesbezüglich eine Ursachenforschung betrieben, um die genauen Auslöser für das Kauen zu finden. Mit Hilfe der Ursache wäre eine mögliche Therapie umso leichter zu ermitteln. Leider gab es keine beweisbaren Ergebnisse, obwohl in alle möglichen Richtungen geforscht wurde. Die folgenden Modelle spiegeln die in Betracht gezogenen Ursprünge wider:

1. Tiefenpsychologische Modelle

Die Psychologie hat einige mögliche Erklärungsversuche für das Kauen ermittelt. Zu diesen Theorien zählt unter anderem die Fortführung des Daumenlutschens aus der Kindheit[38] oder ein ungelöster Ödipus-Komplex. Der Ödipus-Komplex beschreibt die starke Bindung eines Kindes am gegengeschlechtlichen Elternteil, besonders des Sohnes an die Mutter. Darüber hinaus gab es Denkansätze, in welchem das Kauen als Ausbruch aus einer starken Einengung resultiert. Der Bewegungsdrang ist dabei so stark begrenzt, dass das Kind schließlich das Nägelkauen als Ausbruch aus dieser Situation benutzt[17]. Auch der Mangel an Selbstbewusstsein könnte eine Ursache darstellen[17]. Die zerstörten Nägel dienen dabei als *Rechtfertigung für mangelnde Selbstbehauptung*. Eine andere Psychologie hingegen sieht im Kauen eine *Ersatzbefriedigung für verbotene und nicht gewagte Aggressionen*[28] und damit eine Art Selbstbestrafung für vorhandene Schuldgefühle.

All diese psychologischen Modelle haben eines gemeinsam: Das Nägelkauen wird in Beziehung zu sexuellen und/oder aggressiven Impulsen in der frühen Kindheit gesetzt. Problematisch ist dabei, dass die Studien nicht einheitlich durchgeführt wurden und es viel Raum für Spekulationen gibt[42]. Im Endeffekt sind die Modelle ungeeignet, um die genaue Ursache zu ermitteln[29], weil in den empirischen Studien keine Kausalitäten nachgewiesen werden konnten. Das Kauen wird eher als negativer Mechanismus angesehen, der sich als schlechte Gewohnheit im Menschen manifestiert hat. Diese Angewohnheiten haben immer das Ziel, eine innere Anspannung zu reduzieren, was vor allem in Stress-Situationen zutreffend ist[42].

2. Lerntheoretische Modelle

Aus lerntheoretischer Sicht kann das Kauen als Gewohnheit angesehen werden, sozusagen als Konditionierung auf eine wiederkehrende Handlung[26]. Wie wir bisher wissen, manifestiert sich das Nägelkauen in der Regel in der Kindheit. Man hat vielleicht einmal das Kauen als spontane Reaktion auf einen Sachverhalt angewandt. Wird dieses Verhalten dann frequentierter und intensiver ausgeführt, entwickelt sich daraus eine (negative) Angewohnheit. Das Kauen wird quasi Teil einer Verhaltenskette, welche automatisch abläuft und nicht mehr bewusst wahrgenommen wird[42]. Das Verhalten wird dadurch begünstigt, da es oftmals auf der einen Seite toleriert, auf der anderen hingegen auch ohne die Anwesenheit beispielsweise der Eltern ausgeführt wird. Gerade Stresssituationen (Schule), Ängste oder Familienkonflikte können der Auslöser für das Kauen sein, welches sich nach und nach im Unterbewusstsein manifestiert. Die körperlichen Bewegungen zum Mund und das Kauen selbst führen in diesen Fällen zu einer seelischen Entspannung und diese Belohnung wird natürlich immer wieder zu erreichen versucht. Die häufigsten Auslöser für das Kauen sind folgende Zustände: Anspannung, Unsicherheit, Angst und Langeweile[6]. Diese Erkenntnisse haben sich beispielsweise mit meiner eigenen Wahrnehmung zum Nägelkauen gedeckt, denn gerade anspruchsvolle Hausaufgaben haben bei mir das Kauen größtenteils ausgelöst. Das Kauen wirkt dabei als angenehme Stimulation.

Zudem ist die Gefahr des Nachahmens gerade in jungen Jahren sehr groß. Personen schauen sich in der Pubertät viel von Altersgenossen ab, das Kauen könnte eine dieser übernommenen Verhaltensweisen darstellen[6].

In einer anderen Theorie wird angenommen, dass gerade Kinder für das Kauen und Entfernen von Häkchen an den Nägeln anfällig sind[19]. Der Grund liegt nach einigen schulärztlichen Untersuchungen auf der Hand: Jeder kennt das Gefühl, dass sich durch das Brechen oder Einreißen eines Nagels unangenehme Häkchen bilden. Diese bleiben an Klamotten hängen oder man spürt diese aufgrund der anderen Finger durchgehend. Erwachsene Menschen würden in diesem Fall das richtige Instrument zur Hand nehmen: Schere und/oder Feile. Kinder hingegen sind oftmals draußen unterwegs und haben keine Möglichkeit, die Nägel zeitnah zu pflegen. Dementsprechend kauen diese die Unebenheiten weg und dies fördert den bereits angesprochenen Gewohnheits-Automatismus: Bei jedem Einreißen wird mit Nägelkauen reagiert. Letztendlich wird in einem solchen Fall zu einer systematischen Nagelpflege geraten, sei es nun bei Kindern oder Erwachsenen.

Anhand der lerntheoretischen Modelle erkennen wir auch schon die große Zwickmühle: Das Kauen hat sowohl positive, als auch negative Konsequenzen. Positiv sind die Reduktion von Spannungszuständen und das Entfernen der eingerissenen Stellen. Negativ zu betrachten sind die Gewohnheiten, Selbstschädigungen der Finger und der sozialen Probleme in der Wahrnehmung anderer.

3. Genetische Modelle

Neben den beiden bisherigen Modellen, gibt es auch Theorien über einen genetischen Zusammenhang. Studien lieferten in diesem Zuge Anhaltspunkte für das Vorhandensein genetischer Einflüsse hinsichtlich des Nägelkauens[3]. In diesem Zuge wurden 338 Zwillingspaare untersucht und dabei stellte sich heraus, dass Kinder von zwei nägelkauenden Elternteilen statistisch gesehen zu 60 % ebenfalls das Kauen beginnen werden. Hat nur ein

Elternteil gekaut, sank die Anfälligkeit auf 44 %, hat keines der beiden gekaut sogar auf nur noch 16 %. Man geht daher davon aus, dass eine genetische Basis für das Nägelkauen vorhanden ist.

4. Neurophysiologische Modelle

Darüber hinaus gibt es Nachforschungen, welche sich mit neurologischen Ursachen des Kauens auseinandersetzen. Die Neurologie ist die Lehre vom Nervensystem und der Muskulatur. Zum Nervensystem des Körpers gehören dabei das Gehirn, das Rückenmark und die peripheren Nerven.

Hintergrund dieser Herangehensweise ist, dass diverse Antidepressiva eine gewisse Wirksamkeit bei der Behandlung des Nägelkauens aufweisen[22]. Dabei wird unterstellt, dass diverse Zwangsverhalten mit der übersteigerten Pflege des Körpers zu tun haben. Darunter zählen folgende Handlungen: Waschzwänge, Kontrollzwänge, Trichotillomanie und das Nägelkauen. Das Kauen wird dabei als schwächste Form angesehen, eine Zwangsstörung als die stärkste Form. All diese Störungen haben einen gemeinsam zugrundeliegenden neuronalen Auslösemechanismus. Der Stand der Forschung besagt, dass alle erwähnten Zwangsstörungen mit einer Dysfunktion der *Basalganglien* und des *Serotoninsystems* in Verbindung gebracht werden können[30]. Die Basalganglien sind ein bestimmter Bereich im Gehirn. Serotonin ist ein Hormon, Neurotransmitter und Botenstoff in einem und umgangssprachlich als Glückshormon bekannt.

Einfach ausgedrückt: Durch eine Funktionsstörung im Hirn werden Zwangsstörungen einer Person ausgelöst. Dabei gehören die genannten Auswüchse alle in die gleiche Kategorie. Letztlich ist das Kauen allerdings die leichteste Form, was sich auch in der Therapierbarkeit widerspiegelt.

Zusammenfassung der vier Modelltypen

Wie man aus den verschiedenen Ansätzen vielleicht vermuten kann, lässt sich kein Modell unmittelbar für das Nägelkauen verantwortlich machen. Darüber hinaus wurden nur wenige systematische Überprüfungen oder Feldstudien durchgeführt[43]. Die tiefenpsychologischen und lerntheoretischen Modelle beruhen in der Regel auf klinischen Beobachtungen und Fallbeschreibungen. Das neurophysiologische Modell ist hinsichtlich der vorliegenden Faktenlage noch eher spekulativ einzuordnen. Demnach kann ein *multifaktorielles Modell* bei der Entstehung und Aufrechterhaltung des Nägelkauens die Zusammenhänge abbilden[43]. Entsprechend dürfte neben Vererbung und instinktmäßig angelegter Mechanismen vor allem Konditionierungen eine große Bedeutung zufallen. Gerade die gefühlte Spannungsreduktion spielt einer Konditionierung in die Karten. Dies ist ähnlich wie bei einem Raucher, welcher durch den Einfluss von Nikotin seine Gedanken sortiert und kurzzeitig abschalten kann.

Therapiemöglichkeiten beim Nägelkauen

Bei der Therapie gibt es - anders als bei den Theorien zur Entstehung der Zwangsstörung - glücklicherweise gesicherte und empfohlene Anwendungsmöglichkeiten, welche konkret und weniger vage erscheinen.

Hinsichtlich der Therapie von Kindern und Jugendlichen und der günstigen Prognosen kann man fast von einer herrschenden Meinung sprechen. Im Gegensatz zum erwachsenen Menschen können Jugendliche ihr Kauverhalten in der Regel gut ablegen. Beim Erwachsenen hingegen sieht es deutlich anders aus. Die meisten scheitern bei dem Versuch, das Kauen zu beenden. Es verhält sich im Prinzip wie beim starken Raucher.

Bei Kindern und Jugendlichen ist das Weiterführen des eigentlich harmlosen Kauens oftmals auf Erziehungsfehler der Eltern zurückzuführen[44]. Das Symptom des Nägelkauens, egal auf welche Ursache es zurückzuführen ist, wird in der Regel dann zum ernsten Problem, wenn die Eltern sich mit dem Verhalten nicht abfinden können. Sie sehen es als starke Unart an und verbinden damit Eigenschaften geringer Selbstbeherrschung und eine schwache Willenskraft des Kindes. Viele Eltern reagieren daraufhin so, dass sie ihr erzieherisches Können an dem Kind erproben. Die Bekämpfung des Symptoms wird zum Kriterium der erzieherischen Fähigkeit. Dementsprechend kommen gerade Eltern zu einer Behandlung, denen überdurchschnittlich hohes medizinisches und pädagogisches Interesse an ihren Kindern liegt. Das Problem ist, dass dabei nicht nur das Symptom verächtlich gemacht wird, sondern auch das willenlose Kind selbst. Dies führt dazu, dass das Kind das Nägelkauen in der Regel vor seinen Eltern verheimlicht. Gerade bei sensiblen Kindern kann es dazu führen, dass das Selbstwertgefühl umso weiter sinkt und diese es mit der Zeit aufgeben, es den Eltern recht zu machen. Diese Kinder schalten komplett ab und nehmen anderweitige Ermahnungen nicht mehr wahr - auch, wenn diese deutlich wichtigeren Themengebieten entsprechen. Die möglichen Folgen sind dabei schulisches Desinteresse oder auch die Abkapselung von der Familie. Das Nörgeln führt bei Kindern daher in den meisten Fällen nicht zum gewünschten Ergebnis, sondern schadet in nicht absehbarem Maße.

Viele Experten empfehlen daher nicht die Bestrafung des Kindes, sondern die Lehre einer adäquaten Nagelpflege (Leung und Robson, 1990). Sollte das Kind noch sehr jung sein, sollten die Eltern es in grundsätzlichen Prinzipien des operanten Konditionierens unterweisen[23]. Operantes Konditionieren stellt eine Form des Lernens da, in welchem das gewünschte Verhalten belohnt wird. Diese Belohnung dient dabei als Verstärker. Beim nägelkauenden Kind bedeutet dies, dass die Eltern bei jedem Kauen die Hand des Kindes nehmen und diese somit sanft vom Mund wegführen sollten. Das Kind kaut demnach nicht weiter, sondern führt eine andere Handlung fort. Durch vielmaliges Wiederholen wird die andere Handlung, das Nicht-Kauen gestärkt. Lob kann hier als Verstärker wirken.

Oftmals werden Mittel empfohlen, um dem Kauen entgegenzuwirken. Jeder Nägelkauer kennt diese Art von Produkten. Dabei handelt es sich zum einen um bittere und Chinin-haltige Tinkturen, welche auf die Fingernägel gestrichen werden. Darüber hinaus werden Pflaster oder gar Handschuhe angeboten, welche das Kauen erschweren sollen. Diese Mittel mögen zwar hilfreich sein, allerdings wirken sie nur, wenn der Wille und die Motivation der Person an sich schon sehr, sehr stark ausgeprägt ist[43]. Solche Motivationen werden allerdings erst in einem gewissen Alter entwickelt, vor allem durch soziale Missbilligung des Kauens. Die Motivation von etwas wegzukommen wirkt oftmals Wunder und kann dadurch unterstützt werden. Alleine durch solche Hilfsmittel kann man das Kauen allerdings nicht unterlassen, da ein gewisser Gewöhnungsprozess stattfindet. In einer Studie einer 15-jährigen ehemaligen Nägelkauerin[6] wird der Grund deutlich. Das Bestreichen der Nägel hat nicht dazu geführt, dass sie damit aufgehört hat. Ganz im Gegenteil: Der Geschmack war irgendwann normal und wurde sogar positiv bewertet. Der eigentliche Antrieb für das konsequente Beenden waren die negativen Kommentare Dritter, welche ihr die passende Motivation gegeben haben. Die dargestellte Person wollte nicht mehr kindisch wirken und mit wohlgeformten Nägeln der sozialen Missbilligung entgehen - mit Erfolg!

Von einer solch plötzlichen Abkehr vom Nägelkauen können die meisten Menschen allerdings bloß träumen. Natürlich hat jeder einmal einen negativen Kommentar vernommen, in der Regel reicht das aber nicht, um eine solch massive Motivation aufzubauen und um aus dem Stand heraus mit dem Kauen aufzuhören. Die meisten Menschen benötigen weitere Hilfe von außen, um eine nachhaltige Abkehr zu meistern. Denn eines ist klar: Wir können uns nicht darauf verlassen, dass der soziale Druck so enorm steigt, dass wir selbständig mit dem Kauen aufhören können. Ich behaupte daher, dass jeder Leser dieses Buches es bereits mit solchen Methoden versucht hat und mindestens einmal gescheitert ist. Im Folgenden werden daher ein paar Behandlungsmethoden durchleuchtet und die Heilungschancen dieser bewertet.

Therapiemöglichkeit 1: Psychopharmaka

Auslöser für das Kauen sind oftmals Zustände wie Stress oder Angst. Aus diesem Grund wurde damit experimentiert, Probanden Medikamente zu geben, welche diverse Wirkungen aufwiesen. Darunter zählen unter anderem folgende Medikamentenklassen: Anxiolytika (Angsthemmer), Benzodiazepine (umgangssprachlich *Benzos*: Beruhigungsmittel) oder auch Neuroleptika (Antipsychotikum). Der Therapieerfolg war bei dieser chemischen Herangehensweise eher mäßig von Erfolg gekrönt[43]. Von 25 Probanden haben an einer Studie lediglich 14 den 12-wöchigen Zeitraum beendet. Von diesen 14 konnten zwei Personen komplett mit dem Nägelkauen aufhören, bei fünf weiteren hat sich das Kauen zumindest um 30 % reduziert. Neben diesem mäßigen Erfolg war das Hauptproblem, dass lediglich diese 25 der 350 gemeldeten Probanden auch tatsächlich an der Studie teilnehmen wollten. Der Grund liegt auf der Hand: Die Nebenwirkungen (Erschöpfung, Schlafstörungen, Schwitzen etc.) der starken Medikamente wurden als negativer eingestuft, als das eigentliche Problem des Nägelkauens. Wir sehen, dass diese Bekämpfung des Nägelkauens sehr ineffektiv ist; von den gesundheitlichen und ethischen Gesichtspunkten einmal abgesehen.

Therapiemöglichkeit 2: Tiefenpsychologie

In der psychologischen Betreuung nägelkauender Patienten wurden ebenfalls einige Versuche betrieben, eine effektive Methode herauszuarbeiten. Problematisch war dabei jedoch, dass diverse Behandlungen sehr langwierig waren. Beispielsweise behandelte Rosow[31] einen Patienten über drei Jahre, was in 482 Sitzungen ausartete. Am Ende war das Kauen zwar reduziert, allerdings nicht gänzlich beseitigt worden. Diese psychoanalytische Methode ist demzufolge auch nicht auf die breite Masse anwendbar, zumal das Ergebnis nicht eindeutig gesichert ist. Eine andere Herangehensweise ist die Behandlung mittels Hypnose. Hier sind die Erfolgserlebnisse nach Gruenewald[18] sehr positiv zu bewerten. Gerade solche Verfahren, in denen sich ausschließlich auf die Symptome (Nägelkauen) und nicht auf die Auslöser (Stress, Angst, Langeweile) konzentriert worden ist, sind sehr erfolgreich[7]. Auch die Kombination mit verhaltenstherapeutischen Techniken scheint eine gute Erfolgsaussicht zu haben[8]. Hierbei konnten alle drei Probanden nach einer Reihe von Sitzungen den Zuwachs der Nägel-Längen über mehrere Monate stabil halten.

Therapiemöglichkeit 3: Empirisch-psychologische Therapien

Empirische Untersuchungen sind wissenschaftlich erprobt. Das bedeutet, dass Daten methodisch erhoben und entsprechend ausgewertet wurden. Dies macht eine anschließende Bewertung deutlich aussagekräftiger, als es teilweise in den bisher dargestellten Methoden der Fall war. Die folgenden Behandlungsmethoden entsprechen also wissenschaftlichen Standards.

Beispielsweise behandelte Smith[33] 57 Studenten mit Hilfe des *Negative Practice Training*. Dabei sollte das unerwünschte Verhalten (Nägelkauen) in wiederholendem Ausmaße angedeutet werden und dies sollte mit negativ bewertender Selbst-Verbalisierung durchgeführt werden. Der Proband tat quasi nur so, als würde er dabei kauen. Nach 8-10 Monaten konnte die Hälfte der Teilnehmer mit dem Kauen aufhören oder es deutlich reduzieren.

Bucher[9] führte bei 20 Studenten eine Art Aversionsbehandlung durch. Dabei sollten sich die Teilnehmer mit einem tragbaren Gerät einen Stromschlag verpassen, mit dessen Hilfe das Kauen unterbunden werden sollte. 9 Teilnehmer konnten das Kauen nach bereits vier Tagen ablegen, allerdings kamen die Rückfälle nach Beendigung des Experimentes und der drohenden Bestrafung.

Ross[32] erprobte ein sogenanntes *Response-Cost-Verfahren*. Dabei sollte die 33-jährige Teilnehmerin sich zu einer Zahlung von 50 Dollar an eine von ihr abgelehnte Organisation verpflichten, falls sie innerhalb eines bestimmten Zeitraumes nicht die vorgegebene Ziellänge der Nägel erreicht. Der Zuwachs blieb noch nach weiteren sechs Monaten stabil.

Maletzky[24] demonstrierte die erfolgreiche Anwendung einer Self-Monitoring-Procedure. Dabei sollten sich die Teilnehmer mit Hilfe eines am Handgelenk befestigten Aufzeichnungsgerätes beobachten und aufzeichnen. Das Verfahren war relativ erfolgreich, doch hier stiegen nach Entfernung des Gerätes die Verhaltensraten wieder deutlich an.

Horan und seine Kollegen[20] behandelten vier Studenten über sechs Wochen. Die Wissenschaftler hatten den Ansatz, dass die Probanden sich selbst beobachten sollten und immer dann, wenn gekaut wurde, sollten sie sich mittels Gummiband am Handgelenk selbst bestrafen. Darüber hinaus sollten die Probanden zur Konditionierung eine Alternativhandlung durchführen. Die Faust ballen oder mit den Fingern trommeln. Das Ergebnis war gut, denn bei allen Teilnehmern konnte das Nägelwachstum nach sechs Wochen stabil bleiben.

Christmann und Sommer[10] verglichen bei Schülern im Alter zwischen zwölf und 15 Jahren jeweils ein Selbstsicherheitstraining mit einem komplexen Selbstkontrollprogramm. Beide Methoden erfolgten über mehrere Wochen und längeren Sitzungen. Beim Vergleich schnitten die Programme in etwa gleich gut ab, allerdings ist auch hier zu erkennen, dass ein enormer Zeitaufwand nötig gewesen ist, um halbwegs gute Ergebnisse zu erzielen.

Es wird deutlich, dass sich einige Experten dem Thema Nägelkauen angenommen haben. Die Ergebnisse sind bisher allerdings alle nicht wirklich überzeugend gewesen und die Anzahl an Probanden reicht nicht unbedingt aus, um eine generelle Aussage treffen zu können. Auch die zeitliche Komponente ist ein großer Nachteil von einigen Herangehensweisen. Wir möchten ungern mehrere Sitzungen bei einem Therapeuten in Anspruch nehmen. Dies würde vermutlich viel Zeit und noch mehr Geld kosten.

Glücklicherweise gibt es eine weitere Methode, die eine sehr gute Erfolgsaussicht bewiesen hat: das Habit Reversal Training (kurz: HRT). Die Wirksamkeit dieser Methode konnte in mehreren Studien bewiesen werden. Darüber hinaus ist dabei kein allzu großer Zeitaufwand nötig und kann mit Hilfe dieses

Buches ohne Mehrkosten umgesetzt werden. Die Methode geht auf die beiden Experten Azrin und Nunn[1] zurück und findet bei vielen anderen nervösen Verhaltensangewohnheiten seine Anwendung: Daumenlutschen, Tics, Schulterzucken, Zupfen an den Augenbrauen und Haare ausreißen. Grob gesagt, analysiert man zunächst die Auslösereize und nutzt dann Alternativ-Stimulationen, um dem Körper eine Entspannung zu verschaffen. Auf die genaue und einfache Umsetzung gehen wir in diesem Buch später ein. Vorweg sei jedoch noch eines zu erwähnen: anders als in allen bisher vorgestellten Therapiemöglichkeiten hat das HRT eine sehr gute Erfolgsaussicht, auch bei extremen Fällen. Die eigentliche Umsetzung dauert circa 2 Stunden und kann eine 90 %-Reduktion bereits am ersten Tag nach Umsetzung erreichen. Nach einer Woche sind 99 % aller Probanden weitgehend vom Kauen befreit. Die empirischen Daten reichen in Bezug auf die 99 % vier Monate in die Zukunft. Es gibt also für jeden von uns eine gut belegbare Hoffnung, dass wir das Nägelkauen in Zukunft gänzlich ablegen können.

Kapitel 2: Wie Gewohnheiten unser Leben beeinflussen

Gewohnheiten

Wie im letzten Kapitel deutlich wurde, ist das Nägelkauen eine unnötige und schädliche Verhaltensweise. Die Gründe für das Kauen mögen sich zwar unterscheiden, dennoch können wir von einer negativen Gewohnheit sprechen. Doch was sind eigentlich Gewohnheiten?

Unter Gewohnheit verstehen wir laut Duden eine *durch häufige und stete Wiederholung selbstverständlich gewordene Handlung*. Man tut etwas sehr oft und dadurch verinnerlichen wir diesen Ablauf unterbewusst, bis dieser sich komplett automatisiert. Dies mag uns Menschen im ersten Moment sehr einfach und hilflos erscheinen, doch eigentlich hat dieses Bewusstsein viele positive Aspekte. Gehen wir einmal gedanklich den Fahrweg zur Schule, Uni, Arbeitsstelle oder Sportverein im Geiste durch. Gerade das Autofahren eignet sich als perfektes Beispiel. Wir fahren diese gewohnten Strecken routiniert und es bedarf in der Regel keiner großen Anstrengung mehr. Dabei setzt sich jede noch so kurze Fahrt aus unzähligen einzelnen Schritten zusammen: Gänge einlegen, Anfahren, Verkehrsschilder beachten, die Spur halten und die rote Ampel realisieren. Sollten wir uns jede einzelne Bewegung immer wieder bewusst machen müssen, wäre das Leben sehr mühsam und wir könnten nie von diesen Automatismen profitieren.

Ein Forscher der Duke University fand 2006 heraus, dass wir Menschen über 40 % unserer täglichen Handlungen unterbewusst ausführen und dabei keine wirklichen Entscheidungen treffen müssen[37]. All diese Handlungen resultieren aus dem Fakt heraus, dass wir Gewohnheiten erschaffen haben, die uns das Leben erleichtern können. Die Erleichterung ist dadurch zu erklären, dass wir viel weniger mentale Aktivitäten benötigen, um gewisse Teilziele eines Tages zu erreichen. Wir sparen uns dadurch Ressourcen und können uns auf das wirklich wesentliche konzentrieren.

Gewohnheiten entstehen dadurch, dass unser Gehirn dauerhaft versucht, sich weniger anzustrengen[16]. Diese kraftsparende Eigenschaft ist für den Menschen Gold wert, denn ein effizientes Gehirn benötigt weniger Platz. Weniger Platz bedeutet einen kleineren Kopf und dadurch eine erleichterte Geburt, was der Sterblichkeitsrate positiv in die Karten spielt. Gewohnheiten können demnach Fluch und Segen darstellen. Alltägliche Situationen meistern wir ohne große Anstrengung und, um beim Beispiel zu bleiben, das Autofahren ist daher zu einer Routine geworden. Die große Gefahr in einem solchen Automatismus ist natürlich das Auftreten ungewohnter Aspekte. Die Gefahr, auf einer gewohnten Strecke einen Unfall zu bauen, ist demnach höher, als in unbekannten Gebieten. Wir gewinnen zwar Routine, verlieren hingegen aber an Aufmerksamkeit für gefährliche Situationen. Dies kann im Alltag ein wildes Tier am Straßenrand oder ein Fahrradfahrer ohne ausreichende Beleuchtung sein. Wir verlieren uns teilweise in den Abläufen und spulen einen lange bekannten Film ab.

Doch wie lange braucht der Mensch tatsächlich, um eine Gewohnheit zu entwickeln? Phillippa Lally, Forscherin im Bereich Gesundheitspsychologie am University College in London, wollte dies mit ihrem Team herausfinden. In ihrer Studie[21] untersuchten sie die Gewohnheiten von 96 Personen über einen Zeitraum von zwölf Wochen. Jede Person wählte eine neue Gewohnheit für den genannten Zeitraum und berichtete täglich, ob sie das Verhalten ausführte oder nicht und wann ein gewisser Automatismus zu erkennen war. Einige Personen wählten einfache Gewohnheiten wie *eine Flasche Wasser zum Mittagessen trinken*. Andere wählten schwierigere Aufgaben wie *15 Minuten joggen vor dem Abendessen*. Am Ende der zwölf Wochen analysierten die Forscher die Daten, um zu bestimmen, wie lange jede Person brauchte, um ein neues Verhalten zu beginnen und dieses zu automatisieren. Die Antwort? Im Durchschnitt dauert es mehr als zwei Monate, bis ein neues Verhalten automatisiert wird - 66 Tage, um *genau* zu sein. Und wie lange es dauert, bis sich eine neue Gewohnheit herausbildet, kann je nach Verhalten, der Person und den Umständen sehr unterschiedlich sein. In Lallys Studie dauerte es zwischen 18 und 254 Tagen, bis sich eine neue Gewohnheit herausgebildet hatte.

Dies verdeutlicht, dass auch das Nägelkauen eine Zeit lang braucht, um eine (schlechte) Angewohnheit zu werden. Doch hier spielt, wie die Studie bewies, Zeit eine entscheidende Rolle. Gerade bei Kindern sollte ein direktes Eingreifen, wie in Kapitel 1 vorgestellt, umgesetzt werden. Dies erstickt die

Chance für die Ausbildung einer Gewohnheit bereits im Ansatz. Bei erwachsenen Nägelkauern ist dieser Zug in den meisten Fällen schon sehr lange abgefahren, weil das Kauen in der Regel schon im jungen Alter begonnen hat. In diesem Fall muss es natürlich auch die Möglichkeit geben, eine Angewohnheit abzustellen.

Die Gewohnheitsschleifen

Eine Gewohnheit ist also eine Handlungsweise, welche durch einen gewissen Automatismus ausgelöst wurde. Doch eine einfache Definition hilft uns nicht, die einzelnen Bestandteile einer Gewohnheit zu verstehen. Der Aufbau einer Gewohnheit kann in vier einfache Phasen unterteilt werden: Auslösereiz, Verlangen, Routine und Belohnung[12].

Diese vier Phasen bilden das Rückgrat einer jeden Gewohnheit. Auch das Nägelkauen kann einfach in verschiedene Schritte unterteilt werden.

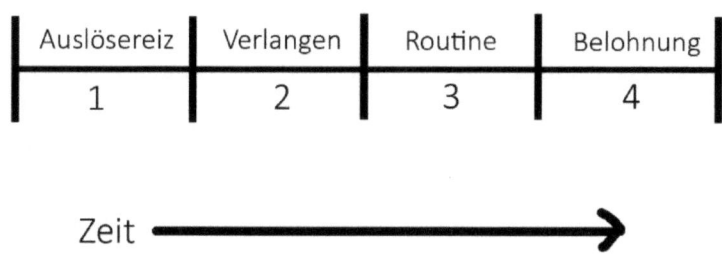

Quelle: Eigene Darstellung in Anlehnung an Clear (2018)[12]

Zunächst ist da der **Auslösereiz**. Dieser Impuls veranlasst das Gehirn zu einer bestimmten Handlung, der betrachteten Gewohnheit. Dieser Reiz sagt uns eine gewisse Belohnung voraus, der wir dann in den folgenden Schritten nachkommen. In der Steinzeit war dies Nahrung oder ein warmer Platz zum

Schlafen, heute ist dies Status, Anerkennung, Liebe, Wohlstand oder auch Befriedigung. In unserem Fall ist der Auslösereiz Langeweile, Stress oder Anspannung, je nachdem welcher Typ Nägelkauer wir sind. Dieser emotionale Zustand löst das Kauen in uns aus, weil wir uns in der Vergangenheit eine Automation angeeignet haben. Das Gehirn wird quasi dazu angehalten, ein Verhalten (Kauen) zu initiieren.

Der zweite Schritt ist das **Verlangen**. Das Verlangen ist dementsprechend die motivierende Kraft hinter jeder Gewohnheit. Dies stellt unser *Warum* dar. Ist dieses *Warum* so stark, werden Handlungen nicht mehr in Frage gestellt und alles dem Ziel untergeordnet. Das macht es der Gewohnheit mit der Zeit auch so leicht, sich in unser Leben einzuschleichen. Das Verlangen ist oftmals nicht direkt erkenntlich: Wir wollen nicht das Fernsehen anschalten, wir wollen unterhalten werden. Wir wollen keinen Sportwagen, um schneller von A nach B zu kommen, sondern unseren gesellschaftlichen Status anheben. Wir wollen nicht Nägelkauen, sondern ein befriedigendes Gefühl und Entspannung erzeugen.

Die **Routine** ist die eigentliche Angewohnheit, welche in Form einer tatsächlichen Handlung erfolgt. Dabei spielt es keine Rolle, ob diese geistig oder physisch umgesetzt wird. Bei einem Alkoholiker ist es das Trinken seines

Lieblingsgetränkes, beim Spitzensportler ist es die Laufeinheit und beim Nägelkauen ist es das Kauen der Nägel.

Letztlich liefert die absolvierte Routine die **Belohnung**. Sie stellen das Endziel einer jeden Angewohnheit dar. Der Auslösereiz erkennt die Belohnung, das Verlangen fordert diese Belohnung ein. Die Routine ermöglicht das eigentliche Erreichen der Belohnung, da wir ins Handeln gekommen sind. Die Belohnung hat im Endeffekt den Zweck, dass wir dem Verlangen nachkommen und dieses befriedigen. Darüber hinaus lehrt es unserem Gehirn, welche Handlungen vorteilhaft sind, ein Verlangen zu befriedigen, was den Automatismus dahinter natürlich fördert.

Sollte einer der vier Schritte fehlen, entwickelt sich auch keine Gewohnheit aus den anderen Schritten. Eliminiere den Auslöser und die Gewohnheit wird gar nicht erst starten. Mindere das Verlangen und Du wirst automatisch zu wenig Motivation haben, die Routine durchzuführen. Ohne die ersten drei Schritte wird ein Verhalten nicht vorkommen. Fehlt darüber hinaus auch noch die Belohnung, wird sich das Verhalten gar nicht mehr wiederholen. Ein ausgewachsener Gewohnheitskreislauf sieht demnach wie folgt aus:

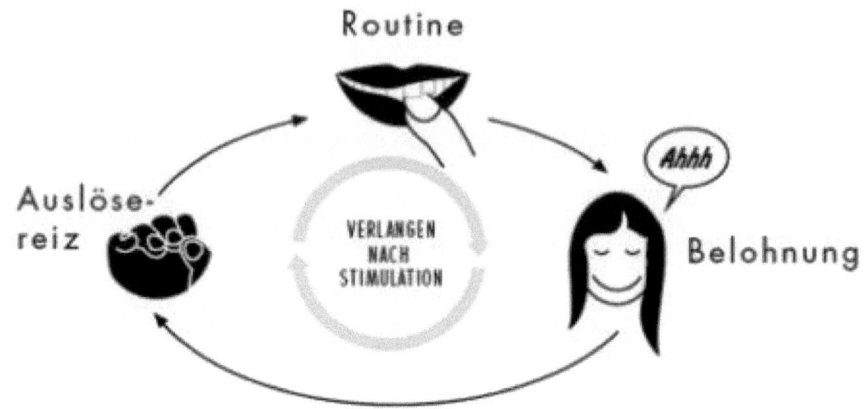

Quelle: Aus Duhigg (2012)[16]

Zusammenfassend lässt sich sagen, dass der Auslösereiz ein Verlangen erzeugt, welches zu einer Routine motiviert und eine Belohnung bietet. Die Belohnung befriedigt das Verlangen und wird schließlich mit dem Auslöser in Verbindung gebracht. Der Auslöser ist dementsprechend in unserem Gehirn für die Belohnung verantwortlich und nicht, wie man meinen kann, die Routine selbst. Daher ist diese genaue Betrachtung so wertvoll, unser Handeln zu verstehen. Es bildet sich quasi eine neurologische Feedback-Schleife, welche automatisiert abläuft.

Daher ist es wichtig zu erkennen, dass wir Gewohnheiten positiv nutzen und nicht Opfer unserer jetzigen Angewohnheiten bleiben müssen. Ein Sportler führt sich ein Bild vor Augen: Den Olympiasieg. Dadurch hat er das Bedürfnis etwas dafür zu tun: Trainieren. Auf der anderen Seite kann dieses Schema sehr negative Seiten in uns auslösen. Sollten wir in emotional schwierige Situationen gelangen, dann sind wir derzeit noch dazu angehalten, an den Fingernägeln zu kauen und uns in einen angenehmen psychischen Status zu befördern.

Gewohnheiten ablegen

Wir alle werden in der Vergangenheit gemerkt haben, dass es fast unmöglich gewesen ist, unser Laster des Nägelkauens abzulegen. Man hat nach unzähligen Versuchen mitunter das Gefühl, einen schwachen Geist zu haben und darüber hinaus keinen Funken Disziplin. Doch so einfach ist das Ablegen einer Gewohnheit nicht. Im Grunde genommen ist es sogar fast unmöglich[16]. Im Endeffekt können wir eine Angewohnheit nur verändern und durch andere Handlungsweisen austauschen. Schauen wir uns noch einmal den Kreislauf an, heißt das konkret, dass wir lediglich die Routine austauschen. Der Auslösereiz bleibt dabei gleich, genauso wie die Belohnung.

Um eine schlechte Angewohnheit zu verändern, betrachten wir zunächst die beiden Phasen der Gesamtroutine:

Problemphase
1. Auslösereiz
2. Verlangen
Lösungsphase
3. Routine
4. Belohnung

Quelle: Eigene Darstellung in Anlehnung an Clear (2018)[12]

Jede Angewohnheit zeichnet sich dadurch aus, dass wir ein Problem lösen möchten. Dieses Schema möchte ich anhand zweier Beispiele etwas genauer erläutern:

Beispiel Stress

1. Auslösereiz: Du machst Hausaufgaben in einem Schulfach, welches dir nicht so gut liegt.

2. Verlangen: Du beginnst Dich gestresst zu fühlen und von Arbeit überwältigt. Du möchtest die Kontrolle zurückgewinnen.

3. Routine: Du kaust an Deinen Nägeln

4. Belohnung: Du befriedigst Dein Verlangen nach Stressabbau. Nägelkauen wird dadurch mit Hausaufgaben machen in Verbindung gebracht.

Beispiel Langeweile

1. Auslösereiz: Du schaust eine Serie an Deinem Laptop.
2. Verlangen: Das Mittagessen ist eine Weile her und Du hast keine Snacks zur Hand.
3. Routine: Du kaust Deine Nägel.
4. Belohnung: Du befriedigst Dein Verlangen nach Nahrung. Das Kauen wird hierbei mit dem Serienschauen verbunden.

Hierbei wird deutlich, wie die Gewohnheitsschleife mehr und mehr Einzug in unser Leben erhält. Dadurch, dass wir die direkte Verbindung nicht erkennen, ist das Beenden einer schlechten Angewohnheit so schwer. Gerade, weil die Belohnung mit dem Auslösereiz verbunden wird und die Routine nur eine Nebenbetätigung darstellt, ist das Verstehen so enorm schwer. Es hilft daher nicht, einfach mit purer Willenskraft eine Routine zu unterlassen, denn das Verlangen ist in den meisten Fällen einfach viel zu mächtig. Für das Brechen einer schlechten Angewohnheit gibt es demnach die folgenden vier wichtigen Regeln:

Eine schlechte Angewohnheit durchbrechen
Gesetz 1 (Auslösereiz): Mache es unsichtbar.
Gesetz 2 (Verlangen): Mache es unattraktiv.
Gesetz 3 (Routine): Mache es schwierig.
Gesetz 4 (Belohnung): Mache es unbefriedigend.

Quelle: Eigene Darstellung in Anlehnung an Clear (2018)[12]

Gesetz 1: Mache es unsichtbar

Zunächst einmal sollten wir unsere Umgebung so gestalten, dass wir Auslösereize aus unserem Alltag verschwinden lassen. Dies ist besonders bei physischen Angewohnheiten von Vorteil. Beispielhaft bedeutet es: Isst Du zu viel Süßigkeiten, entferne sie aus dem Haushalt. Du hast immer das Bedürfnis beim Trinken zu rauchen? Halt Dich von einer Kneipe fern. Diese Art der Umgehung ist nicht in allen Fällen möglich. Wichtig ist also, Auslösereize erst gar nicht entstehen zu lassen. Natürlich können wir nicht alle Situationen verbannen, denn das würde bedeuten, dass einige von uns keine Hausaufgaben mehr machen müssten. Wir können nicht einfach eine schlechte Angewohnheit ablegen, sondern müssen die Umgebung und die Auslösereize verringern. Das Nägelkauen ist einfacher zu unterlassen, wenn wir gar nicht erst TV schauen und lieber ein Buch lesen, als ständig der Versuchung des Kauens zu widerstreben. Die Nutzung der puren Willenskraft ist für die meisten Menschen daher nur für einen kurzen Moment effektiv. Leider ist dies keine Strategie, welche langfristig und nachhaltig umsetzbar ist. Im späteren Verlauf dieses Buches werden wir einfach und detailliert festhalten, in welchen Situationen Du zum Nägelkauen tendierst und wie deine emotionale Situation in dieser ist. Daraufhin werden wir eine Technik erarbeiten, mit der Du zum einen solche Umgebungen vermeidest und andererseits eine Technik nutzt, um den Auslösereiz, sollte er dennoch auftreten, anderweitig katalysieren kannst.

Gesetz 2: Mache es unattraktiv

Zunächst einmal ist es äußerst hilfreich, sich die negativen Auswirkungen des Nägelkauens vor Augen zu führen. Das Verlangen nach Ausgleich, Stressreduktion oder nach Fingernägeln ohne Häkchen veranlasst uns bisher zum Kauen. Wir wollen diesem Verlangen nachgeben und das in diesem Moment Sinnvollste tun: das Problem lösen. Leider ist dies eine sehr kurzfristige Denkweise, was uns mitunter natürlich bewusst ist. Die rationale Reaktion auf ein solches Verlangen wäre das einfache Unterlassen (schwer durchführbar), eine Ersatzhandlung (später dazu mehr) oder direkte Nagelpflege. Leider versuchen wir das Problem immer sofort und mit dem geringsten Widerstand zu lösen und wir kauen wieder einmal. Daher ist es sehr hilfreich, sich mit den langfristigen Konsequenzen auseinander zu setzten: Unsere Gesundheit und unser Selbstbewusstsein. Denn seien wir einmal ehrlich, wozu führt das ständigen kauen? Wir sind anfällig für Krankheiten und werden nicht den Erfolg haben, welchen wir uns für unser Leben vorstellen. Gerade die Anfälligkeit für Erkältungskrankheiten ist durch das Kauen sehr stark, denn wir nehmen dauerhaft Bakterien aus der Umwelt auf und schwächen unser Immunsystem. Auch wenn wir uns regelmäßig die Hände waschen, wird das Risiko immer bestehen bleiben. Der andere Grund ist die Reduktion des Selbstbewusstseins. Abgekaute Nägel machen keinen guten Eindruck bei anderen Menschen. Vorgesetzte werden einen nägelkauenden Mitarbeiter in der Regel als nicht stressresistent einschätzen oder ihm hohe Führungspositionen zutrauen. Alleine durch das Risiko, seine eigene Reputation zu schädigen, die jemand ungeeignetes in eine höhere Position befördert, kann schnell einen großen Einfluss haben. Wir müssen uns immer wieder bewusst machen, welche langfristigen Probleme uns das Kauen bereitet. Hier hilft es, sich immer die für sich schlimmsten Konsequenzen vor Augen zu führen und die Attraktivität der schlechten Angewohnheit zu visualisieren.

Gesetz 3: Mache es schwierig

Immer wieder werden Hilfsmittel beim Nägelkauen als das Allheilmittel verkauft. Zu diesen Mitteln zählen Tinkturen, Biotin-Tabletten, Kaugummis oder sogar Handschuhe. Im Endeffekt wird dadurch versucht, das Kauen für die betroffene Person schwieriger zu machen. Grundsätzlich ist dieser Gedanke nicht falsch, denn sollte eine Gewohnheit schwer durchführbar sein, wird diese in der Regel weniger konsequent angegangen. Dennoch liegt das Problem hierbei in der Gewöhnung an solche Gegenmittel. Eine Tinktur schmeckt irgendwann angenehm und das Kaugummi verhindert das Kauen nicht. Problematisch ist, dass in solchen Verfahren das Hilfsmittel in Verbindung mit einem starken Willen die Therapiemethode darstellt. Doch wir alle wissen, dass in den wenigsten Fällen ein starker Wille reicht und die Hilfsmittel nur eine kleine Hürde darstellen. Gerade das mehrmalige Scheitern das Kauen zu beenden, ist die eigentliche Frustration. Dadurch wird die Angewohnheit immer weiter gestärkt, da wir ihr scheinbar ausgeliefert sind. Doch das Scheitern ist vorprogrammiert, wenn wir das Beenden des Kauens nicht systematisch angehen. Nicht, dass wir uns falsch verstehen: Hilfsmittel sollten immer gerne genutzt werden. Doch diese sollen in keinem Fall die Grundlage für die angegangene Therapie darstellen. Jeder soll das Hilfsmittel nutzten, welches unterstützende Kräfte entfaltet. Die später angewandte Technik kann zwar im Grunde genommen ohne diese Hilfsmittel auskommen, aber es schadet auch nicht, einen doppelten Boden einzubauen.

Gesetz 4: Mache es unbefriedigend

Wenn eine schlechte Angewohnheit schmerzhaft ist oder negative Konsequenzen nach sich zieht, dann neigen wir natürlich dazu, diese etwas zu reduzieren. Im letzten Gesetz, ziehen wir andere - uns wichtige - Personen zu Rate. Das bedeutet konkret, dass wir ein starkes *Commitment* - neudeutsch für Einsatz - nach außen kommunizieren. Wir suchen uns einen Partner, welchem wir Rechenschaft ablegen müssen. Der große Hebel dieses Vorgehens ist, dass wir uns im tiefen Herzen immer darum kümmern, was andere Menschen über uns denken. Genau dies machen wir uns damit zu Nutze. Wenn wir einen Partner haben, welcher uns einmal pro Tag, Woche oder Monat kontrolliert, dann sind wir in einem Zugzwang, der die Absicht für das Beenden der Angewohnheit maximiert. Dieser Partner holt die gesamte Energie aus uns heraus, denn wir wollen ihn nicht enttäuschen. Daher ist es wichtig sich einen Partner auszusuchen, vor dem wir Respekt haben und von dem man in anderen Lebensbereichen noch etwas lernen kann. Diese Kontrolle kann in direkter Form stattfinden, als dass er alle Fingernägel inspiziert und Dir ein *Okay* für deine geleistet Arbeit gibt. Darüber hinaus gibt es die Möglichkeit, über Deine Erfolge Buch zu führen. Dies erreichen wir ganz einfach, indem wir ein simples Erfolgstagebuch nutzen und unsere täglichen Erfahrungen in einem Graphen visualisieren. Eine genaue Anleitung dazu folgt ebenfalls im weiteren Verlauf dieses Buches.

Der Habit Stack

Der englische Begriff aus den Wörtern *Habit* (Gewohnheit) und *Stack* (Stapel) beschreibt das Vorgehen, wenn man an einer bekannten Gewohnheit eine neue Gewohnheit anfügt. Beispielsweise tun sich viele Menschen schwer, nach der Arbeit eine Sporteinheit zu absolvieren. Viele kommen nach Hause, essen etwas und machen es sich gemütlich. Die Wahrscheinlichkeit den immer größer werdenden Schweinehund ohne passende Strategie zu überwinden, ist dabei sehr unwahrscheinlich.

Habit Stacking ist sehr simpel, aber äußerst effektiv. Dieses Stapeln kann man leicht in einer mathematischen Formel beschreiben:

„Nach [aktuelle Gewohnheit] werde ich [neue Gewohnheit] machen."

Beispiele:

- Sport: Nachdem ich meine Arbeitskleidung ausgezogen habe, werde ich direkt meine Laufschuhe anziehen.

- Sauberkeit: Nachdem ich mein Geschirr eingeräumt habe, wische ich über die Kochfläche.

- Nägelkauen: Nachdem ich mir abends die Zähne geputzt habe, feile ich meine Nägel.

Wie Du siehst, wird an eine bestehende Routine einfach eine weitere Gewohnheit gekoppelt. Bei der bestehenden Routine müssen wir uns glücklicherweise keine Gedanken machen, denn diese wird in jedem Fall ausgeführt - komme was wolle. Der große Vorteil ist dabei auch, dass man im fortgeschrittenen Status mehrere Gewohnheiten aneinander reihen kann und damit beispielsweise eine komplette Reinigungsabfolge loslösen kann:

1. Nach dem ausgiebigen Sonntagsfrühstück lasse ich die Geschirrspülmaschine laufen.
2. Wenn die Maschine läuft, werde ich einmal die Wohnung saugen.

3. Wenn die Wohnung gesaugt ist, bringe ich den Müll hinaus.

4. Wenn der Müll draußen ist, gönne ich mir ein paar Folgen meiner Lieblingsserie.

Wie Du siehst, kann man hier sogar das Angenehme mit dem Notwendigen verbinden. Wir schaffen uns eine Abfolge von vielen Tätigkeiten, welche uns dabei helfen, zwingend notwendige Dinge zu erledigen. Der große Vorteil ist, dass jeder Mensch unzählige Gewohnheiten an einem Tag absolviert und man daher immer Material hat, daran anzudocken. Wichtig ist dabei allerdings zu beachten, dass die Gewohnheiten grundsätzlich zueinander passen. Es ergibt keinen Sinn als Mutter von zwei Kindern, eine Meditation nach dem Morgenkaffee zu planen, wenn die Kinder aufstehen und sehr viel Lärm im Haus vorherrscht.

Wie wir für das Problem mit dem Nägelkauen daraus Erkenntnisse ziehen, schauen wir uns im weiteren Verlauf genauer an. Wichtig ist es zunächst, sich bewusst zu machen, dass wir Gewohnheiten mit relativ wenig Aufwand hintereinander schalten können. Wie bereits am Anfang dieses Kapitels verdeutlicht, braucht der Mensch unterschiedlich lange, um eine Gewohnheit als Automatismus auszuführen. Gelingt uns das, brauchen wir keine Mühe mehr investieren, diese Abfolge zu kontrollieren - sie wird dann buchstäblich zur Gewohnheit. Wir werden ganz persönliche Auslöser analysieren und daraus einen *Habit Stack* generieren, der Dir bei der automatischen Nagel-pflege weiterhelfen wird. Diese Technik funktioniert sehr gut, um neue Ge-wohnheiten in den Alltag einzupflegen. Die neuen Gewohnheiten helfen uns direkt dabei, das Nägelkauen zu minimieren.

Wir bauen uns mit dem *Habit Stack* also parallel eine Routine auf, um unsere Nägel zu pflegen und mit diesen weniger Angriffsfläche für Unebenheiten zu bieten. Im gleichen Atemzug nutzen wir eine weitere Methode, um das Nä-gelkauen zu unterbinden. Diese beiden Maßnahmen fahren nebeneinander auf das gemeinsame Ziel zu: Dem Kauen langfristig den Rücken zu kehren.

Umgebung schaffen

Ein entscheidender Punkt, welchen wir uns immer wieder vor Augen führen müssen, ist, dass Motivation alleine nicht zum gewünschten Ergebnis führt. Die tägliche Umgebung um uns herum hat einen deutlich entscheidenderen Einfluss auf unsere Gewohnheiten.

Anne Thorndike, eine Krankenschwester aus Boston (USA) hatte diesbezüg-lich eine interessante Idee[36]. Sie wollte die Essgewohnheiten ihrer Kollegen im Krankenhaus dauerhaft verbessern, ohne diesen einen eisernen Willen antrainieren oder anderweitige Vorträge halten zu müssen. In einer sechs-monatigen Testphase hat sie mit ihren Kollegen einfach an der Innenarchitektur der Umgebung gefeilt. Zunächst wurden die Positionen der Getränke-spender optimiert. Diese standen zunächst an Positionen, welche nicht direkt erreichbar waren. Darüber hinaus enthielten diese Automaten ausschließlich zuckerhaltige Getränke. Dieser Auswahl wurde eine weitere Option hinzugefügt: Wasser. Das Angebot an ungesunden Getränken wurde dementsprechend nicht minimiert, sondern das Wasser war nun eine Zusatzoption an allen Stationen. Das Ergebnis war verblüffend: Der Verkauf an Sodagetränken minimierte sich in den folgenden Monaten um 11%. Der Verkauf von Wasser erhöhte sich hingegen um ganze 26%. Diese Erkenntnisse wurden daraufhin in weiteren Bereichen angewandt.

In deutschen Büros zeichnet sich ein ähnliches Bild ab. Es gibt oft eine Box voll Süßigkeiten, um sich den Tag zu versüßen. Hierbei könnte man beispielsweise Obst neben diesen Schüsseln bereithalten. Eine Taktik, die sich für den gesundheitlichen Zustand der Mitarbeiter in einem Unternehmen auszahlen kann.

Die Menschen wählen Produkte oftmals nicht nach ihren Eigenschaften, sondern nach der Verfügbarkeit. Ist ungesunde Nahrung immer greifbar, werden wir diese auch vermehrt zu uns nehmen, weil es einfach ist. Aus diesem Grund werden auch Artikel im Supermarkt, welche auf Augenhöhe liegen, deutlich öfter gekauft, da man sich nicht extra bücken muss - auch wenn man dabei bei ähnlicher Qualität Geld sparen kann.

Dieses Phänomen werden auch wir uns zu Nutze machen. Wir werden uns eine Umgebung schaffen, welche es uns einfach macht, mit dem Nägelkauen aufzuhören. Besonders effektiv ist es, diese Umgebung mit dem *Habit Stacking* in Einklang zu bringen. Da der Erfolg beim Beenden vom Nägelkauen auf dem Verzicht besteht, müssen wir gar nicht so viele Vorbereitungen treffen, um eine erfolgreiche Umgebung aufzubauen. Wir möchten ja in erster Linie keine Gewohnheit aufbauen (mehr Wasser trinken), sondern eine negative Gewohnheit abbauen. Daher müssen wir die wenigen zu beachtenden Punkte sehr gut und ohne Ausnahmen umsetzten. Das bedeutet konkret, dass wir die Hilfsmittel immer parat haben. Solltest Du zum Nägelkauen während der Autofahrt tendieren, wirst Du Dir - sofern es Dir hilft - Kaugummis im Auto platzieren und Dich dabei ohne großen Aufwand unterstützen. Darüber hinaus ist es wichtig, die Nagelpflege konsequent umzusetzen. Dies können wir ganz einfach mit dem *Habit Stack* erreichen. Nach dem abendlichen Zähneputzen feilen wir geschwind alle unsere Nägel. Dieser Ablauf wird nach wenigen Tagen in unser Blut übergehen und wir haben die feste Gewohnheit (Zähne putzen) mit der neuen Gewohnheit (Nägel feilen) kombiniert. Nach relativ kurzer Zeit werden wir diese Routine als Standard wahrnehmen und gar nicht mehr darüber nachdenken. Gleichzeitig hilft die Pflege dabei, dass unsere Nägel nicht übermäßig lang werden oder sich Häkchen an den Nägeln bilden. Dies führt nämlich fast immer dazu, dass wir wieder schwach werden. Es mag für Dich zwar gerade noch abwegig klingen, allerdings sind zu lange Fingernägel ein Problem. Solltest Du bereits eine bis zwei Wochen kaufrei sein, wirst Du dieses Phänomen beobachten können. Gerade bei Arbeiten am Laptop wird Dich der neue Nagel stören, ein ganz neues Gefühl. Daher ist es ratsam, die Nagellänge immer optimal zu pflegen, denn wir tendieren aufgrund unserer Vergangenheit immer dazu, die Nägel durch das Kauen zu kürzen.

Die beste Motivation bringt nicht viel, wenn die Rahmenbedingungen nicht stimmen. Und diese Bedingungen werden wir mit einfachen Mitteln dauerhaft aufrechterhalten. Hierbei muss jeder die Routine für seinen Typen finden und anwenden. Es gibt verschiedene Typen von Nägelkauern und durch eine individuelle Herangehensweise kann jeder seine eigene Erfolgsumgebung schaffen.

Kapitel 3: Die innere Einstellung

Die Frage nach Identität

Warum ist es eigentlich so schwer, das Nägelkauen einfach ad acta zu legen? Natürlich spielt die manifestierte Gewohnheit in diesem Automatismus eine sehr große Rolle. Das hat natürlich im Gegenzug den Vorteil, dass eine gewohnte Handlung immer wieder ohne das Hinterfragen durchgeführt werden kann. Ebenso trifft dies zu, wenn wir uns eine negative Angewohnheit abgewöhnen. In der Regel tritt diese nicht mehr auf, wenn wir einmal den Tipping Point der Abgewöhnung überwunden haben. Der Begriff Tipping Point, welcher erst durch den Autor Malcom Gladwell an Popularität gewonnen hat, beschreibt den Zeitpunkt, wann sich ein vorher geradliniger Prozess abrupt ändert. Ein gutes Beispiel ist hierbei das Herstellen von Popcorn: Zunächst bleiben alle Maiskörner im heißen Öl in ihrem Grundzustand, doch ab einem bestimmten Punkt fangen mehr und mehr Körner an zu platzen. Dieser Tipping Point bedeutet in unserem Fall die Abkehr vom Nägelkauen, welches in vielen Fällen bereits mehrere Jahre oder sogar Jahrzehnte durchgeführt wurde. Doch lange etablierte Gewohnheiten sind nicht leicht abzulegen, da sie feste in uns verankert sind. Dazu kommt der Umstand, dass fast alle dazu neigen, folgenden Fehler beim Ablegen einer Gewohnheit zu machen:

1. Wir versuchen unsere Gewohnheiten in der falschen Weise zu ändern

2. Wir versuchen die falschen Dinge zu ändern

Punkt 1 haben wir in den vergangenen Kapiteln bereits mehrfach betrachtet. Die meisten Menschen versuchen das Kauen in ineffektiver Weise zu beenden. Sie bedienen sich wenig nützlicher Hilfsmittel und hoffen, dass ihre Willenskraft ausreicht, eine jahrelange Gewohnheit in kurzer Zeit zu beenden. Betrachtet man dieses Vorhaben aus der Vogelperspektive ist die Aussichtslosigkeit schon vorprogrammiert, dennoch bleibt ein Funken Hoffnung, dass der x-te Versuch mit einer kleinen Adaption die große Wende bringt. Da wir darüber hinaus einige Therapiemöglichkeiten betrachtet haben, wird deutlich, dass das Abgewöhnen des Nägelkauens keine leichte Aufgabe bedeutet, gerade weil psychologische wie genetische Einflüsse eine Rolle spielen können. Eine erfolgsversprechende Therapie sehen wir uns im nächsten Kapitel an.

Punkt 2 beschreibt den Umstand, dass wir unsere Veränderung in der Regel auf der falschen Ebene beginnen. Zum allgemeinen Verständnis, was ich damit meine, gehen wir davon aus, dass es drei Ebenen geben kann, auf denen eine Veränderung stattfindet. Diese Ebenen stellen wir uns vor wie eine Zwiebel:

Die drei Ebenen der Verhaltensänderung

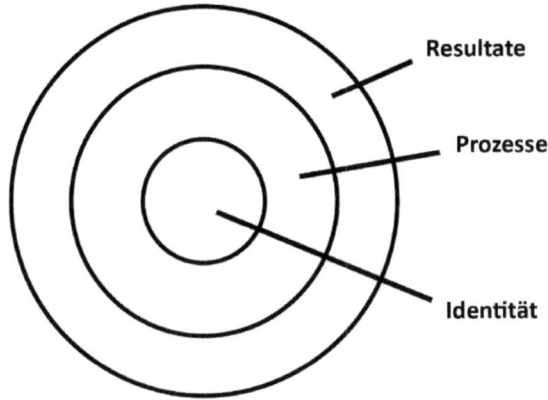

Quelle: Eigene Darstellung in Anlehnung an Clear (2018)[12]

Die äußerste Schale steht für die Veränderung Deiner Resultate. Auf dieser Ebene geht es darum, Deine Resultate zu ändern. Gewicht reduzieren, eine Meisterschaft gewinnen oder mit dem Nägelkauen aufzuhören. Die meisten Ziele, welche wir uns setzten, sind mit genau dieser Schale verknüpft.

Die mittlere Schale steht für Veränderungen in unseren Prozessen. Diese Ebene wird mit Gewohnheiten und Systemen in Verbindung gebracht. Dies bedeutet quasi die Implementierung eines neuen Trainingsplans oder das gesündere Zubereiten der Mahlzeiten. Die meisten aufgebauten Gewohnheiten werden mit dieser Ebene verbunden.

Der innere Kern in dem Beispiel ist die Identität, mit welchem Änderungen in den Ansichten und Glaubenssätzen einhergehen. Hierbei geht es um die Beurteilung anderer und sich selbst. Die meisten Überzeugungen, Annahmen und Vorurteile, die Du vertrittst, sind mit dieser Ebene verbunden.

Resultate sind das, was wir bekommen.

Prozesse sind das, was wir tun.

Identität ist das, was wir glauben.

Wenn es nun um das Auf- oder Abbauen von Gewohnheiten geht, ist es wichtig, sich dieser Ebenen bewusst zu sein. Natürlich sind alle Ebenen wichtig, jedoch ist die Richtung der Veränderungen essenziell. Die meisten Menschen beginnen damit, dass sie sich auf die Resultate fokussieren - eine ganz natürliche Betrachtungsweise. Dies bewegt uns zu ergebnisorientierten Gewohnheiten. Anders ist die Sichtweise, der identitätsorientierten Gewohnheiten. Damit fokussieren wir uns nicht auf bestimmte Handlungen, sondern darauf, genau der Mensch zu werden, der wir sein wollen:

Ergebnisorientierte Gewohnheiten

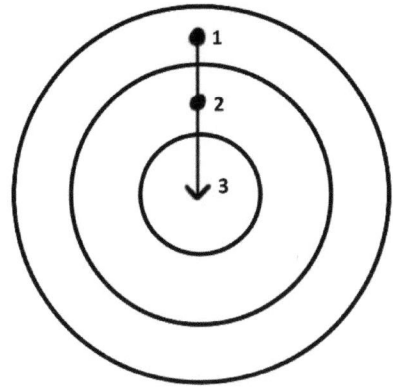

Identitätsorientierte Gewohnheiten

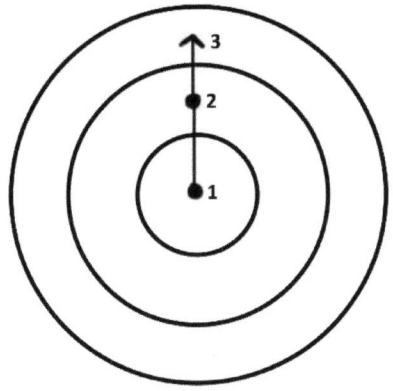

Quelle: Eigene Darstellung in Anlehnung an Clear (2018)[12]

Stelle Dir vor, wir haben zwei Personen, welche seit Jahren an den Nägeln kauen: Jan und Freya. Jan hat während der stressigen Klausurvorbereitung das Verlangen, seine kurzzeitige Befriedigung aus dem Kauen seiner Nägel zu generieren. Er denkt sich dabei: „Nein, ich versuche meinen Plan zu verfolgen, mit dem Nägelkauen aufzuhören." Es klingt im ersten Moment nach einer plausiblen Betrachtungsweise. Das Problem bei dieser ergebnisorientierten Sichtweise ist, dass er sich immer noch als Nägelkauer sieht. Ein Kauer, der mal wieder eine neue Technik anwendet, um letztendlich doch wieder zu scheitern. Er hofft, dass sich sein langfristiges Verhalten ändert, obwohl er seine bisherigen Glaubenssätze weiter in sich trägt.

Freya ist sich der inneren Kraft bewusst und hat sich aktiv dafür entschieden, keine Nägelkauerin mehr zu sein. Sie geht ganz anders an die Sache heran. Sollte sie wieder in eine Situation kommen, dann sagt sie sich ganz bewusst: „Nein, ich werde nicht kauen, da ich keine Nägelkauerin mehr bin." Es mag zwar nur ein kleiner Unterschied sein, allerdings hat dieser großen Einfluss auf unser Unterbewusstsein. Man versucht nicht mehr seine Tätigkeiten zu unterdrücken, sondern lebt seine neue Einstellung direkt aus. Das Kauen wird dementsprechend gar nicht mehr verhindert, sondern spielt einfach keine Rolle mehr im Leben. Mit diesem *Mindset* (neudeutsch: Denkweise) müssen wir auch nicht mehr ständig dagegen ankämpfen, denn wir haben unsere Identität geändert und dadurch automatisch unsere damit einhergehenden Aktivitäten. Die wenigsten Menschen ändern ihre Sicht auf sich selbst und merken dabei nicht, wie ihre alte Identität ihre neuen Pläne und Vorsätze manipuliert. Wahre Verhaltensänderung ist immer auch Identitätsveränderung.

Ein perfektes Beispiel dafür ist Brian Clark, ein Unternehmer aus Boulder, Colorado, aus den USA[12]. Clark hat, soweit er sich erinnern konnte, immer an seinen Fingernägeln gekaut. Ähnlich wie in Kapitel 1 beschrieben, fing es bei ihm auch in jungen Jahren an und wurde mit der Zeit zu einem zwanghaften Ritual. Er war dabei einer der wenigen, die es schafften, aus reiner Willenskraft gute Erfolge zu erzielen. Sobald seine Fingernägel das Nagelbett überragten und den ersten Anschein eines echten Nagels bildeten, machte seine Frau einen Termin bei der Maniküre. Der Hintergedanke dabei war, dass er Geld für die Nagelpflege zahlte und demnach das Kauen beenden könnte. Er erreichte genau den erwarteten Effekt, denn er beendete das Nägelkauen mit dieser Methode. Doch der Grund war nicht das eingesetzte Geld. Was passierte, war, dass die Maniküre seine Finger zum ersten Mal wirklich schön aussehen ließ. Die Mitarbeiterin sagte sogar, dass er - vom Kauen abgesehen - wirklich gesunde, attraktive Nägel hatte. Plötzlich war er stolz auf seine Fingernägel - und genau das machte den Unterschied zu vorher aus. Er hatte nie wieder das Bedürfnis zu kauen und musste nicht mehr aktiv dagegen angehen, denn der entwickelte Stolz veränderte seine Sicht auf seine eigene Identität. Die beste intrinsische (innerliche) Motivation ist, wenn die Gewohnheit Teil dieser wird. Es ist eine Sache zu sagen, dass man eine Person ist, welche mit dem Nägelkauen aufhören möchte. Es ist aber eine völlig andere Sache, wenn man sagt, dass man genau diese Person ist, welche keine Nägel kaut. Daher noch einmal: Wahre Verhaltensänderung ist Identitätsveränderung. Man startet in der Regel zwar mit einer Gewohnheit, doch die sich daraus entwickelte Automation führt dazu, dass diese Gewohnheit ein Teil von uns wird.

Jeder von uns kann sich dazu motivieren, ein paar Mal ins Fitnessstudio zu gehen oder eine halbe Woche das Nägelkauen zu unterlassen. Ändern wir jedoch nicht unsere Glaubenssätze hinsichtlich dieser Routine, dann werden wir nicht langfristig dabei bleiben können. Verbesserungen sind in diesem Zuge nur von kurzer Dauer, wenn wir diese nicht von innen heraus betrachten.

✓ Das Ziel ist es nicht, ein Buch zu lesen, sondern ein Leser zu werden.

✓ Das Ziel ist es nicht, einen Marathon zu laufen, sondern ein Läufer zu werden.

✓ Das Ziel ist es nicht, das Kauen zu unterlassen, sondern ein Nichtkauer zu werden.

Kurz gesagt, ist unser Verhalten der Spiegel unserer Identität und der Glaubenssätze. Denn rufen wir uns ins Gedächtnis: 40 % unserer Alltagsentscheidungen treffen aufgrund unserer Einstellung unbewusst. Glauben wir also an uns und unser Ziel, dann ist es deutlich einfacher, mit diesen Veränderungen langfristig zu leben und sie anzuerkennen. Wir kämpfen also nicht gegen gewohnte Tätigkeiten, sondern ändern unsere Grundeinstellung ihnen gegenüber.

Ähnlich ist es auch, wenn sich Leute einreden, was sie nicht können. „Ich bin schlecht in Mathe." Im Endeffekt glauben diese Personen nicht an sich selbst und werden daher nie Arbeit auf diesem Feld in sich selbst investieren. Das fehlende Engagement wird daher zur selbsterfüllenden Prophezeiung: Wir sind schlecht in Mathe. Allerdings aus dem Grund, weil wir es nicht in Erwägung gezogen haben, dies langfristig als positiven Teil von uns anzusehen.

In zwei Schritten zur neuen Identität

Wir sind nicht mit unseren Glaubenssätzen oder unserer Identität geboren. Vielmehr entstehen diese aus den Erfahrungen unseres Lebens. Zwar stehen einige Dinge genetisch fest (Größe, Haarfarbe etc.), jedoch sind Gewohnheiten Ausdruck unserer Identität. Wenn Du jeden Tag Dein Bett aufräumst, wirst Du Dich als organisierten Menschen beschreiben. Wenn Du täglich an einem Projekt arbeitest, wirst Du Dich als kreative Person identifizieren. Je öfter wir diese Verhaltensweisen ausführen - seien sie auch noch so klein -

desto stärker wird der dahinter liegende Automatismus. Das Wort Identität leitet sich aus den lateinischen Wörtern *essentitas identidem* ab, was wortwörtlich *wiederholendes Sein* bedeutet.

Was auch immer unsere Identität ist, wir glauben sie nur, weil wir einen Beweis dafür haben. Geht ein Mensch jahrelang, und sogar bei schönstem Sonnenschein, in ein Fitnessstudio, dann ist das der Beweis für ihn, dass er sich dem Sport verpflichtet hat. Je mehr Beweise wir für eine Identität haben, umso stärker werden wir diese also glauben. Wenn wir uns zukünftig also alle Situationen vor Augen führen, in denen wir eine Handlung ausführen oder unterlassen, bringt uns das ein Stück weiter, unsere gewünschte Identität zu erhalten.

- Bei jeder Trainingseinheit sind wir Läufer.
- Bei jeder gelesenen Seite sind wir Leser.
- Bei jedem unterlassenen Nägelkauen sind wir Nichtkauer.

Dabei führt jede Gewohnheit zu einem gewünschten Resultat. In jedem Fall kommen wir einem Ziel näher. Darüber hinaus hat es den Effekt, dass wir uns selbst immer mehr vertrauen können. Wir glauben daran, den Identitätswechsel zu erreichen. Jeder Tag, den wir nicht Kauen bietet dementsprechend Substanz für den Glaube an uns selbst. Das genaue Gegenteil davon ist im Prinzip der aktuelle Zustand. Die meisten Menschen kauen seit Jahren an den Fingernägeln. Diese schlechte Angewohnheit hat sich durch das tausendfache Wiederholen so eingeprägt, dass wir glauben, dass wir Nägelkauer seien. Wir können diese Entwicklung jedoch aufhalten und uns eine neue Identität verschaffen, welche uns neues Selbstvertrauen gibt und demnach noch ganz andere Möglichkeiten. Der große Vorteil beim Verändern unserer Identität ist, dass wir nicht perfekt sein müssen. Es verhält sich dabei ähnlich wie bei einer Wahl. Wir müssen lediglich die einfache Mehrheit erreichen und wir kommen unserem Ziel näher. Soll heißen: Wenn wir unsere Angewohnheit nur um 60 % reduzieren könnten, würde das schon sehr großen Einfluss auf das Gesamtergebnis haben. Da das Nägelkauen jedoch langfristigen Schaden nimmt und das Nachwachsen sehr langwierig ist, kann auch eine Reduktion um 60 % nicht ausreichend sein, eine nennenswerte Trendumkehr zu erreichen. Wir werden daher einen 99 prozentigen Erfolg anstreben, denn machen wir uns nichts vor: Niemand kann perfekt werden.

Daher werden wir folgende zwei Schritte zur Identitätsveränderung durchführen:

1. Entscheide, welcher Typ Person Du sein möchtest
2. Beweise Dir die Veränderung durch kleine Siege

Wie Du siehst, ist deine aktuelle Identität nicht in Stein gemeißelt. Wir müssen lediglich einen Automatismus einbauen, welcher Dir täglich dabei hilft, dass Du Dir selbst vertrauen kannst, endlich eine Veränderung zu erreichen. Beim Abbau negativer Gewohnheiten hilft es nicht, sein Leben mit fragwürdigen *Life Hacks* voll zu stopfen. Gewohnheiten helfen uns, ein Ziel zu erreichen. Aber im Grunde geht es nicht darum, etwas zu haben. Es geht darum, jemand zu werden.

Wie wir diese beiden Schritte zur Identitätsveränderung durchführen, schauen wir uns im fünften Kapitel gemeinsam an. Darin werden alle Erkenntnisse aus den vorherigen Abschnitten vereinfacht dargestellt und Du erhältst Deine Blaupause für ein Leben mit Fingernägeln, auf die Du in Zukunft stolz sein wirst.

Kapitel 4: Habit Reversal Training

Einleitung HRT

Nun widmen wir uns dem Herzen dieses Buches. Im Folgenden werden wir uns eine fundierte Methode ansehen, mit dem fast jeder Mensch innerhalb kürzester Zeit sein Laster Nägelkauen ablegen kann. Vermutlich wirst Du eine solche Aussage mit einer gehörigen Portion Skepsis betrachten. Sei daher bitte offen und gib' den folgenden Ausführungen eine Chance der Umsetzung. Mit an Sicherheit grenzender Wahrscheinlichkeit wird diese Technik Dein Leben maßgeblich verbessern.

Das Habit Reversal Training (HRT) ist eine Verhaltenstherapie, welche auf die beiden Wissenschaftler Azrin und Nunn zurückzuführen ist[40]. Diese begannen im Jahre 1973 damit, eine effektive Methode zu entwickeln, um eine Vielzahl an nervösen Verhaltensangewohnheiten zu behandeln. Unter diese negativen Gewohnheiten fielen unter anderem folgende Bereiche: Haare-Ausreißen, Daumenlutschen, Stottern, Tourette-Syndrom oder das Nägelkauen.

Im Fokus des Habit Reversal Trainings steht dabei zunächst die Selbstwahrnehmung. Dabei trainieren wir zunächst, uns selbst und unser Verhalten zu analysieren. Im späteren Verlauf nutzen wir genau diese Erkenntnisse und passen unser Verhalten an. Dies wird durch konkurrierende Handlungen, entsprechender Veränderungsmotivation und Generalisierungen für den Alltag erreicht. Besonders interessant ist dabei, dass dieses Vorgehen einen wissenschaftlichen Hintergrund bietet. Wie wir in der Regel aus der eigenen Erfahrung wissen, gibt es unzählige Methoden, welche eine einfache Besserung versprechen. Beim HRT gibt es belegbare Zahlen, welche beweisen, dass diese Methode einen fast garantierten Erfolg verbuchen kann.

Eine leicht abgewandelte Form der HRT-Methode wurde im Jahre 2015 in der Rubrik Gesundheit des Magazins "Spiegel" veröffentlicht[34] und als eine der wenigen wirklich effektiven Verhaltenstherapien beim Nägelkauen aufgeführt. Der Artikel wurde in Kooperation mit der Universitätsklinik Hamburg-Eppendorf ausgearbeitet. Darin wird auch noch einmal bekräftigt, dass bloße Willenskraft alleine nicht ausreicht. Gerade, weil viele Verfahren die Willenskraft in den Fokus rücken, scheitern viele Menschen, wenn sie ihr Laster loswerden möchten. Auch ich bin unzählige Male gescheitert und im Endeffekt lag es immer daran, dass die Motivation schlagartig nachgelassen hat, als der erste oder zweite Rückschlag eingetreten ist.

Nachdem ich mein Studium beendet hatte und darin Erfahrungen mit wissenschaftlicher Arbeit sammeln durfte, bin ich im Stile einer Hausarbeit an das Thema Nägelkauen herangetreten. Nach unzähligen Recherchen im Netz und gefundener Literatur kann ich daher sagen, dass fast alle Ausarbeitungen und Studien in eine ähnliche Richtung tendieren. Eine erfolgreiche und langfristige Verhaltensänderung ist gerade mit dem Habit Reversal Training leicht und vor allem schnell zu erreichen. Aus eigener Erfahrung und der wissenschaftlichen Evidenz heraus habe ich den Entschluss gefasst, diese schwer zugänglichen Studienergebnisse mit anderen Menschen zu teilen. Nicht jeder hat die Chance einen solchen Zugang zu erhalten, beherrscht die englische Sprache oder hat geschweige denn die Zeit und/oder Motivation, alle Erkenntnisse gebündelt für sich zu nutzen.

Die Methode

Azrin und Nunn haben eine Methode entwickelt, welche in mehreren Schritten zu einem Leben ohne die unerwünschte Verhaltensweise führen kann. Das Habit Reversal Training untergliedert sich in die folgenden vier Abschnitte:

1. Förderung der Selbstwahrnehmung

Im ersten Schritt wird der Fokus auf die Symptome gelegt. Hierbei definieren wir jede Handbewegung zum Mund oder jedes Knibbeln an den Fingern als Auftreten der Gewohnheit Nägelkauen. Hierbei ist besonders wichtig, dass jedes schädigende Verhalten erfasst wird und nicht nur klassisches Kauen. Das Aufzeichnen ist besonders wichtig, da das Kauen als Gewohnheit ein so großer Teil unseres Lebens geworden ist, dass wir es teilweise gar nicht mehr bewusst wahrnehmen können. Im ersten Schritt liegt genau darauf der Fokus. Wir stärken unsere Wahrnehmung und machen uns die Situation bewusst. Beim Aufzeichnen wird uns deutlich, in welchen alltäglichen Handlungen wir zum Kauen tendieren und welche Rahmenbedingungen einen Einfluss darauf haben. Das Analysieren soll allerdings auch schon dabei helfen, erste Weichen für die Verhaltensänderung zu stellen. Hierbei helfen vor allem Tagebücher und Protokolle, um quantitative Daten zur Verfügung zu haben. Da wir das Kauen oftmals nicht mehr wahrnehmen, schätzen wir die Häufigkeit daher meist als zu gering ein.

2. Motivationsaufbau

Im zweiten Schritt erfolgt der Motivationsaufbau. Dabei machen wir uns die negativen Folgen des Nägelkauens bewusst. Die Problematik des Kauens erstreckt sich dabei auf fast alle Bereiche des Lebens: Gesundheit (Infektionen, Bakterien- und Virenübertragung im Mundraum), mangelndes Selbstbewusstsein (Schamgefühl, fehlende Ästhetik) und berufliche Probleme (Laster wird als Charakterschwäche gedeutet). Jeder hat einen anderen Fokus auf die negativen Auswirkungen, im Endeffekt treffen jedoch alle in gewisser Weise auf uns zu. Wir brauchen darüber hinaus eine langfristige Motivation, am Ball zu bleiben und die Gewohnheit des Kauens zu verändern. Erinnern wir uns: Um eine Gewohnheit langfristig zu ändern brauchen wir unterschiedlich lange, im arithmetischen Mittel jedoch knapp 66 Tage. Diese Zeit müssen wir sinnvoll nutzen und nachhaltig überstehen. Besonders hilfreich ist das Einbinden Dir nahestehender Menschen aus Familie und Freundeskreis. Lasse sie an Deinem Vorhaben teilhaben. Besonders bewähren sich dabei Kontrollanrufe, welche eine professionelle Betreuung imitieren können. Der soziale Druck erhöht den eigenen Druck in positiver Weise.

3. Competing Response Training (CRT)

Das CRT ist der Hauptbestandteil des Habit Reversal Trainings. Hierbei lernen wir eine Verhaltensweise, welche mit dem Nägelkauen inkompatibel ist. Das bedeutet, dass diese Ersatzangewohnheit nicht gleichzeitig mit dem Nägelkauen ausgeführt werden kann. Wir nutzen quasi den vorhandenen Auslösereiz bzw. Trigger, fügen diesem jedoch eine andere Routine hinzu. Es findet also ein Katalysator in anderer Form statt. Das Besondere dabei ist allerdings, dass das eigentliche Verlangen befriedigt wird und wir uns gut fühlen. Die Stimulation wird demnach künstlich aufrechterhalten, jedoch werden die Nägel nicht angetastet. Bei der Durchführung des CRT ist es wichtig, dass die Ersatzhandlung mehrere Eigenschaften erfüllt:

1. Sie arbeitet entgegengesetzt zum Nägelkauen
2. Sie kann mehrere Minuten aufrechterhalten werden
3. Durch die muskuläre Anspannung wird ein erhöhtes Bewusstsein erzeugt
4. Sozial unauffällig und leicht mit normalen Aktivitäten kompatibel
5. Stärkt die Muskeln, die dem Nägelkauen entgegengesetzt sind

All diese fünf Faktoren sind wichtig, um eine umsetzbare Ersatzhandlung in jeder Lebenslage ausführen zu können. Es gibt sogenannte Entkopplungstherapien, in welchen der Patient die Hand kurz vor dem Mund ruckartig von sich weg werfen soll. Dieses Verhalten ist gänzlich ungeeignet für das öffentliche Leben und erinnert an andere Tics oder Tourette-Symptome.

Aus diesem Grund haben sich Azrin und Nunn für eine simple wie effektive Ersatzhandlung entschieden: Der Patient sollte bei jedem Anflug von Nägelkauen seine Hände neben seinen Körper fallen oder liegen lassen und seine Fäuste drücken, bis eine gewisse Anspannung spürbar ist. Sollte dies die aktuelle Tätigkeit behindern, kann der Patient auch einen Gegenstand festhalten und eine gleiche Anspannung erzeugen. Bei dieser Art von Stimulation lässt sich direkt erkennen, dass wir alle fünf Faktoren einhalten. Das Fäuste ballen ist in jeder Lebenssituation einfach umzusetzen und fällt keinem anderen Menschen direkt auf.

FINGERNAIL-
BITING

GRASPING
OBJECTS

Quelle: Aus Azrin und Nunn (1973)[1]

74

Hier könnte nun folgender Einwand herangetreten werden: „Man vertauscht ja bloß das Nägelkauen gegen eine andere unnatürliche Angewohnheit!" Vom Grunde her mag dies zutreffen, allerdings hat diese neue Angewohnheit aufgrund der fünf vorher beschriebenen Bedingungen keinen negativen Einfluss auf die Umwelt oder den Körper. Hier hat eine Studien, die sich ebenfalls mit Nägelkauen und dem krankhaften Haare ausreißen beschäftigt hat, allerdings Entwarnung gegeben[27]. Der Grund ist denkbar einfach. Wir legen die alte Angewohnheit in der Regel schneller ab, als dass sich eine neue Gewohnheit aufbauen kann. Das Kauen wird also aufgegeben und die konkurrierende Tätigkeit hat zu wenig Zeit, eine ernsthafte Routine zu bilden.

Es wird darüber hinaus empfohlen, diese neue Gewohnheit vor dem Umsetzten des Habit Reversal Trainings ausführlich zu trainieren. Der Idealfall läuft wie folgt ab: Wir stellen uns eine Situation vor, in der wir regelmäßig dem Nägelkauen verfallen. Dann kämpfen wir dagegen an, in dem wir unsere Hand zur Faust ballen und diese Situation nachstellen. Dies hilft enorm, wenn wir es bei der realen Gegebenheit ohne Probleme umsetzen müssen. Hier sollte jede verschiedene Situation geübt werden, denn wir neigen in unterschiedlichsten Lebenslagen zum Kauen. Im ursprünglichen HRT wurde diese Übung in einer einstündigen Sitzung mit einem professionellen Betreuer geübt. Dies ist in den wenigsten Fällen möglich, daher solltest Du es gewissenhaft alleine machen oder eine Person heranziehen, der Du vertrauen kannst.

Hier kommen dann im Verlauf der Umsetzung auch die vormals angesprochenen Telefonkonferenzen zum Einsatz.

4. Generalisierung

Ist die grundlegende Technik der Ersatzhandlung eintrainiert, wird dieser Fortschritt auf viele verschiedene Situationen übertragen. Es werden quasi immer weitere Situationen an die Technik angepasst. Dies geschieht im Idealfall absteigend der Anfälligkeit des Nägelkauens. Die schlimmsten Situationen sollten bereits in den vorigen Schritten abgedeckt werden. Wir werden jedoch im Laufe der Therapie immer mal wieder Situationen erleben, welche sich nicht direkt abgezeichnet haben oder noch nie bewusst wahrgenommen wurden. Kurz gesagt, wird die Alltagsanwendung ausgeweitet. Die Regeln auswendig zu lernen, dauert in der Regel keine fünf Minuten, die Adaption in ähnliche Situationen ist die Königsdisziplin. Dies kann man dahingehend trainieren, in dem man sich in diese neuen Situationen hineindenkt und die Ersatzhandlung erneut mehrere Minuten trainiert. Das neu erlernte Werkzeug (Faust ballen) wird also so weit trainiert, dass wir dies automatisch in allen erdenklichen Situationen als das Mittel unserer Wahl anwenden.

Die Studien

Azrin und Nunn begannen im Jahre 1973 mit Studien zur Verhaltenstherapie[1]. In diesem Jahr haben sie bereits erste sehr gute Erfolge in verschiedensten Bereichen erzielen können, u.a. beim Kopfnicken, Daumenlutschen oder bei Tics.

Eine speziell von ihnen auf das Nägelkauen angelegte Studie wurde drei Jahre später durchgeführt. Diese Studie wurde bereits einmal kurz in diesem Buch angeschnitten und ist theoretische Grundlage aller weiteren Betrachtungen. Im Original heißt die Studie „Eliminating Nail-Biting by the Habit Reversal Procedure"[2].

In ihr konnten sie über eine Zeitungsanzeige 13 zufällige Personen für ihre Studie gewinnen. Zehn der Teilnehmer waren weiblich, drei männlich. Die Altersspanne reichte dabei von elf bis 38 Jahren. Besonders bemerkenswert war dabei, dass alle mindestens acht Jahre an den Nägeln kauten. Teilweise gab es Probanden, welche über 20 Jahre nicht von ihren Nägeln loslassen konnten. Hierbei gingen die Wissenschaftler genau die vormals beschriebene Methode mit jedem einzelnen Teilnehmer durch.

Zunächst sollten die Teilnehmer ihre täglichen Beißattacken aufzeichnen, damit eine gute Datengrundlage vorhanden war. Hierbei gab es gravierende

Unterschiede. Die Definition vom Nägelkauen war dabei einfach wie prägnant. Jede Handbewegung, welche zu einem Schaden der Nägel oder der umliegenden Haut führte, wurde als solches gewertet. Es gab Teilnehmer, welche 6-10 mal am Tag an den Fingernägeln kauten. Darüber hinaus gab es Extremfälle, in denen Teilnehmer bis zu 100 mal pro Tag an ihren Fingernägeln hantierten.

Proband	Alter (Jahre)	Berater	Dauer des Kauens (Jahre)	Häufigkeit des Auftretens vor der Behandlung	
				1 Woche vor der Behandlung (pro Tag)	1 Tag vor der Behandlung (pro Tag)
Gruppe 1					
weiblich	25	A	20		6
weiblich	21	A	8		25
weiblich	21	A	18		40
weiblich	18	B	14		100
weiblich	25	B	20		10
weiblich	11	A	9		6
männlich	25	A	14		30
Gruppe 2					
weiblich	22	A	10	25	35
männlich	26	A	20	100	100
weiblich	23	A	15	60	60
weiblich	38	B	35	100	100
weiblich	14	B	11	100	100
männlich	23	A	18	30	35

Quelle: Eigene Darstellung in Anlehnung an Azrin und Nunn (1976)[2]

Diese aus dem Original übertragene Aufzeichnung zeigt die genaue Übersicht über alle Teilnehmer der Studie in anonymer Form. In der ersten Spalte wurden zwei Gruppen definiert, das Alter der Probanden steht dabei in der zweiten Spalte. Jedem Teilnehmer wurde einer der beiden Berater zugewiesen. Besonders die Bandbreite der langjährigen Abhängigkeiten ist beachtlich. Die erste Gruppe musste hierbei bloß den Tag vor der Therapie erfassen, die zweite Gruppe sollte zusätzlich eine Woche vorher ihr Verhalten dokumentieren.

Nachdem alle quantitativen Daten aufgenommen wurden, übten die Probanden als nächstes die konkurrierende Tätigkeit ein. Die Teilnehmer sollten in jeder der zuvor beschriebenen Situationen die Hand zu einer Faust ballen und dies gegen das Kauen eintauschen. Sie gingen dafür zusammen mit dem Berater die häufigsten aufgezeichneten Situationen gedanklich durch und versetzten sich dabei in die jeweilige Lage. Die Stimulation in Verbindung mit den Hilfsmitteln sollte dabei den Ausschlag geben. Hilfsmittel sind alle Mittel, welche Dir dabei helfen, das Kauen zu minimieren. Dies können Kaugummis sein oder auch regelmäßige Maniküre, um unebene Stellen im Kern zu vermeiden. Die Teilnehmer sollten an jedem Abend ihre Nägel inspizieren und diese im Notfall nachfeilen. Abstehende Hautpartikel sollten sofort mit einer Nagelschere entfernt werden.

Als weiterer Faktor spielte die Eigenmotivation hinein, welche in dem gesamten Verfahren natürlich vorhanden sein muss. Ohne einen intrinsischen Willen ist jede Technik wirkungslos. Dieser ist maßgeblich für den Erfolg verantwortlich und kann auch nicht über Kennzahlen erfasst werden. Ein weiterer stark einwirkender Faktor ist der *soziale Druck*. Hierbei werden Freunde und Familienmitglieder eingeweiht. Zudem bestand in der Studie regelmäßiger Kontakt zum Betreuer.

Die Ergebnisse

Kommen wir nun zum eigentlich interessanten Teil der Studie. Wie schnitt das Habit Reversal Training ab, wenn man sich die nackten Zahlen anschaut? Da das erste Experiment 1973 bereits sehr gute Ergebnisse erreichen konnte, war die Erwartung natürlich groß. Dort konnten die verschiedenen Verhaltensauffälligkeiten bereits um 95 % nach der ersten Woche und um 99 % nach drei Wochen beseitigt werden. Das Ergebnis beim Nägelkauen war hingegen nicht nur sehr gut, sondern wahrhaft atemberaubend:

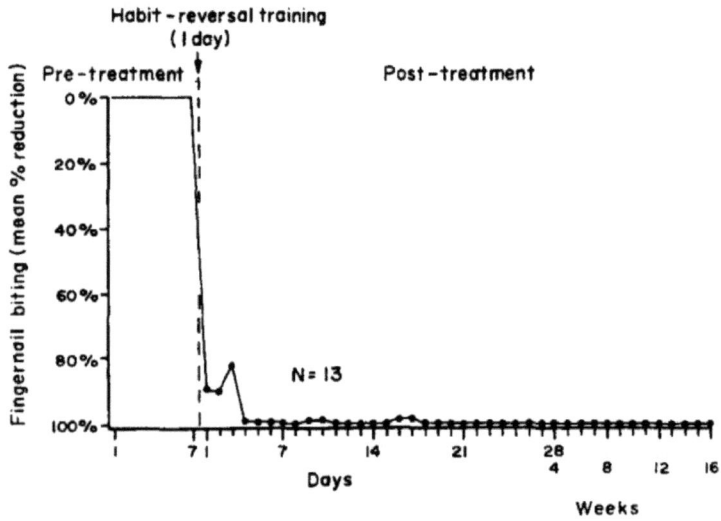

Quelle: Aus Azrin und Nunn (1976)[2]

Diese Grafik spiegelt die Studienergebnisse der 13 Teilnehmer auf einen Blick wider. Die vertikale Y-Achse stellt die Reduktion des Nägelkauens dar. Diese war bei jedem Probanden vor der Behandlung bei 0%, demnach hat jeder so viel gekaut, wie es für ihn üblich war. Die X-Achse zeigt den Zeitverlauf in Tagen bzw. Wochen. Die Skala geht zunächst bis 7 und beginnt dann ab der Behandlung wieder bei 0.

Das Ergebnis ist sehr eindeutig. Bereits am ersten Tag nach der Behandlung wurde das Nägelkauen der Probanden um 90 % reduziert. Am Ende der ersten Woche konnte das langjährige Laster praktisch eliminiert werden, denn es erfolgte die Reduktion um ganze 99 %. Es konnten praktisch alle Teilnehmer mit dem Kauen aufhören, obwohl sehr hartnäckige Fälle mit von der Partie waren.

Daraus ergibt sich der Beweis, dass das Habit Reversal Training für Verhaltensauffälligkeiten generell sehr gut geeignet ist und speziell beim Nägelkauen als eine der wenig wissenschaftlich fundierten Methoden zum Einsatz kommen könnte. Die Ergebnisse zeigen, dass das Verfahren sofort wirksam ist, um das Kauen zu beseitigen. Der geringe Aufwand ist ebenso beachtlich, denn es wurde nur eine einzige Betreuungseinheit von je zwei Stunden pro Fall aufgewendet, in der sich die Probanden analysierten und die Ersatzhandlung einstudierten.

Zunächst wurde befürchtet, dass das Fäuste ballen selbst zu einem neuen Laster heranwachsen könnte. Die Gefahr, dass das eine Verhalten durch ein anderes getauscht werden könnte, ist verständlicherweise nicht von der Hand zu weisen, denn der Mensch ist eben ein Gewohnheitstier. Da der Erfolg des Verfahrens allerdings so schnell von statten ging, hat der Mensch gar nicht die Zeit, diese Handlung als neuen Tic zu manifestieren. Die konkurrierende Tätigkeit musste auch keine 100-mal pro Tag angewandt werden, denn alleine die Analyse und das Bewusstsein um das Laster half, dieses bereits ohne die Handlungen stark einzudämmen. Die Teilnehmer konnten demnach bereits ohne die Anwendung einer bestimmten Technik ihr Verhalten reduzieren. Alleine die Analyse und das Akzeptieren dieses Lasters führten also zu einer Verbesserung.

Aus diesem Grund wird das Fäuste ballen auch wirklich nur in äußersten Stresssituationen notwendig sein. Wir können daher guten Gewissens von einer allgemeinen und klinisch wirksamen Behandlungsweise sprechen, welche jeder Mensch mit wenig Zeiteinsatz und Aufwand erfolgreich umsetzen kann. Allem voran steht natürlich die Eigenmotivation, doch diese ist durch das Lesen dieses Buches mehr als deutlich zum Ausdruck gebracht worden. Gerade die allgemeine Wirksamkeit ist besonders erwähnenswert, denn weder das Alter, das Geschlecht oder die Intensität sind für den Erfolg von entscheidender Bedeutung.

Kapitel 5: Schritt für Schritt Anleitung

Nun geht es ins Eingemachte. Wir werden mit Hilfe der folgenden Anleitung noch heute damit starten, das Nägelkauen ein für alle Mal aus Deinem Leben zu verbannen. Die folgenden Schritte sind an den bisherigen Kapiteln angelehnt und werden Dir mit Hilfe von Vorlagen dabei helfen, dass Du die Erfahrungen anderer ganz einfach umsetzen kannst.

Schritt 1: Das Tagebuch

Um eine erste Einschätzung von Deinem Kauverhalten zu bekommen, müssen wir Deine Routinen aufzeichnen. Dadurch erhalten wir eine gute Einschätzung, wann und in welchen Situationen Du zum Nägelkauen tendierst. Dies hilft uns zum einen die richtigen Hilfsmittel zu erkennen und uns speziell auf diese Situationen einzustellen. Gerade bei der Übung zur Ersatzhandlung ist es maßgeblich, sich die wichtigsten Situationen vor Deinem geistigen Auge vorzustellen und diese präventiv zu trainieren.

Grundsätzlich bin ich ein Freund des Pareto-Prinzips. Das Prinzip beschreibt die 80/20-Regel. Diese besagt, dass 80 % der Ergebnisse mit 20 % des Gesamtaufwandes erreicht werden. Um daher 100 % eines Ergebnisses zu erhalten, müssen wir dementsprechend 80 % des restlichen Gesamtaufwandes aufbringen[41]. Die folgende Darstellung macht dieses Prinzip deutlicher:

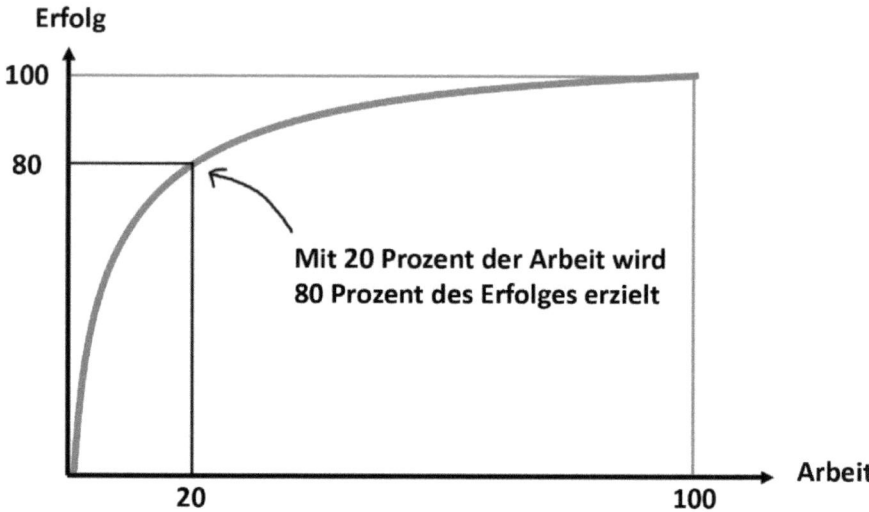

Quelle: Eigene Darstellung.

Wir sehen also, dass Perfektionismus im Grunde negativ ist, weil wir sehr viel Arbeit verschwenden, um minimal bessere Ergebnisse zu erreichen. Daher werden wir uns bei der Analyse der Kausituationen auf die wichtigsten 80% beschränken und genau in diesen sehr gute Maßnahmen treffen. Wir bereiten uns daher auf 4 von 5 Situationen sehr gut vor, der Rest wird nach und nach automatisch folgen.

In der Regel ist es schwer, eine treffende Analyse aus der Vergangenheit zu ermitteln. Wir glauben zwar oftmals zu wissen, wann wir zum Kauen tendieren, jedoch kann diese Erkenntnis eine Verzerrung unserer Wahrnehmung sein. Glücklicherweise kann uns die Wissenschaft an dieser Stelle wieder eine gute Rückmeldung geben. Auslösereize einer Gewohnheit fallen in der Regel in eine der fünf folgenden Kategorien:

1. Standort (Wo bin ich?)
2. Uhrzeit (Wie spät ist es?)
3. Emotionaler Zustand (Wie fühle ich mich?)
4. Umgebung anderer Menschen (Wer ist sonst noch dabei?)
5. Unmittelbar vorangehende Handlung (Welche Handlung ging dem Drang voraus?)

Wir werden in der ersten Woche nichts anderes machen, als ein Tagebuch über unseren Drang zum Nägelkauen zu führen. Immer wenn Du das Bedürfnis hast zu kauen, notierst Du zu jeder dieser fünf Kategorien ein kurzes Stichwort und bereitest Dich damit auf die folgenden Schritte vor. Der erste Schritt der Analyse ist äußerst wichtig und sollte nicht leichtfertig übergangen werden, nur weil Du eine vage Vorstellung Deiner Handlungen hast. In der Regel begleitet Dich das Nägelkauen bereits ein paar Jahre und daher wird eine Woche Analyse keine großartig negative Auswirkung haben. Darüber hinaus zeigt sich, dass bereits das Augenmerk auf den Auslösereiz das Verhalten positiv beeinflusst.

Schauen wir uns daher mal die Aufzeichnungen von Julia, einer 28-jährigen Grundschullehrerin, an:

Situation 1:

Wo bin ich? - (Ich liege auf der Couch)

Wie spät ist es? - (Es ist 20:45 Uhr)

Wie fühle ich mich gerade? - (Ich habe Langeweile)

Wer ist sonst noch dabei? - (Niemand)

Welche Handlung ging dem Drang voraus? (Social Media während der Werbung)

Situation 2:

Wo bin ich? - (Arbeitszimmer)

Wie spät ist es? - (Es ist 16:30 Uhr)

Wie fühle ich mich gerade? - (Unter Zeitdruck)

Wer ist sonst noch dabei? - (Niemand)

Welche Handlung ging dem Drang voraus? (Schularbeiten kontrollieren)

Situation 3:

Wo bin ich? - (Wohnzimmertisch)

Wie spät ist es? - (Es ist 11:10 Uhr)

Wie fühle ich mich gerade? - (Überfordert)

Wer ist sonst noch dabei? - (Niemand)

Welche Handlung ging dem Drang voraus? (Sonntägliche Unterrichtsvorbereitung)

Nachdem wir unsere Gewohnheiten aufgezeichnet haben, gehen wir daran Muster aus diesen zu erkennen. Dies ist in der Regel relativ einfach. Im Beispiel von Julia wird schnell klar, dass wir keine spezifischen Orte oder Uhrzeiten festhalten können, an denen sie zum Nägelkauen tendiert. Daher schauen wir uns den Gefühlszustand an. Hier wird deutlich, dass Sie bei Langeweile und Stress zum Kauen tendiert. Diese beiden Gefühlszustände werden wir vermutlich noch weitere Male finden, hierbei halten wir uns an die 80/20-Regel. Darüber hinaus wird klar, dass sie immer zum Kauen tendiert, wenn sie ungestört ist und sie niemand dabei beobachten kann. Handlungen haben in der Regel mit ihrer Arbeit als Lehrerin zu tun, vermutlich lassen sich noch weitere in spezifischen Freizeitsituationen finden.

Die folgende Tabelle hilft Dir, Dein Verhalten für die folgenden Tage zu analysieren. Hierbei gilt: So viel wie nötig, so wenig wie möglich. Das Beispiel Julia zeigt, dass Stichwörter ausreichend sind. Dies gilt natürlich auch für die Anzahl der Tage. Wenn Du nach drei Tagen fixe Ergebnisse hast, musst Du die Analyse nicht die vollen sieben Tage durchziehen.

	Situation 1	Situation 2	Situation 3	Situation 4	...
Wo bin ich?					
Wie spät ist es?					
Wie fühle ich mich?					
Wer ist noch dabei?					
Handlung?					

Quelle: Eigene Darstellung.

Schritt 2: Die konkurrierende Tätigkeit

Nun machen wir uns an die Umsetzung der Quintessenz vom Habit Reversal Training. Dafür haben wir bereits den ersten Schritt umgesetzt und geschaut, in welchen Situationen Du besonders anfällig für das Nägelkauen bist. Nun ist es hilfreich, Dir die Fälle auf einem Blatt zu notieren, welche den Großteil (80 %) der Situationen ausmachen:

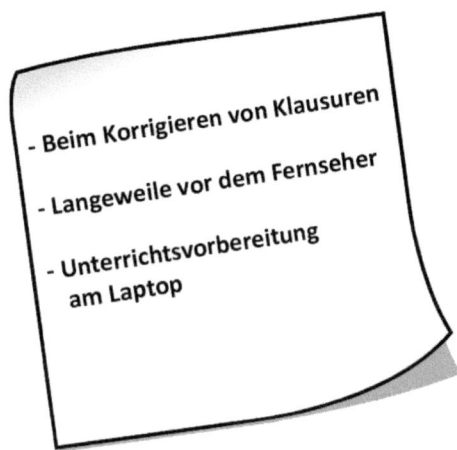

- Beim Korrigieren von Klausuren

- Langeweile vor dem Fernseher

- Unterrichtsvorbereitung am Laptop

Quelle: Eigene Darstellung.

Im zweiten Schritt arbeiten wir nun daran, uns diese Situationen bewusst zu machen und ihnen gegebenenfalls schon im Vorfeld zu begegnen. Das bedeutet, dass wir uns diese Situationen nacheinander vorstellen und dabei unsere Ersatzhandlung durchführen. Wir kämpfen also gedanklich gegen das Kauen, bevor wir das nächste Mal in genau diese Situation kommen. Dies erreichen wir dadurch, dass wir uns im Vorhinein Automationen aneignen, welche wir dann durchführen.

Wie schon zuvor angedeutet, hat sich beim Nägelkauen das Ballen der Hand zu einer Faust neben dem Körper als besonders effektiv erwiesen. Diese Tätigkeit erfüllt nämlich die folgenden Voraussetzungen:

1. Entgegengesetzt zur eigentlichen Tätigkeit
2. Kann mehrere Minuten aufrecht erhalten werden
3. Isometrische Anspannung erzeugt ein Bewusstsein
4. Leicht umsetzbar und sozial unauffällig
5. Stärkt die entgegenwirkenden Muskeln

Du solltest Dir also circa eine halbe Stunde Zeit nehmen und alle notierten Situationen nacheinander durchgehen und in Verbindung mit der Ersatzhandlung üben. Konkret stellt sich Julia nun vor, dass Sie während der Klausurkorrektur auf einen besonders harten Fall stößt und mehrere Prüfungen durchführen muss. Dabei wird Sie nervös, weil sie noch einen Termin am Nachmittag hat. Anstatt nun zu kauen, stellt sie sich nun vor, dass sie die entsprechende Hand seitlich an den Körper legt und diese zu einer Faust ballt. Diese Kontraktion sollte 2-3 Minuten ausgeführt werden.

Diese Vorstellung wiederholt sie nun ebenfalls für die anderen Fälle. Es empfiehlt sich, diese Übungen an mehreren Tagen durchzuführen, um einen Automatismus für die Situationen aufzubauen.

Schritt 3: Umgebung schaffen

Umgebung ist, wie bereits angesprochen, oftmals wichtiger als die eigentliche Motivation, eine Gewohnheit zu ändern. Daher machen wir uns nun daran, Dir eine passende und nagelfreundliche Umgebung aufzubauen. Dafür müssen wir zunächst schauen, welche Hilfsmittel für Deinen Erfolg maßgeblich sind. Aufgrund der verschiedenen Menschentypen können das ganz unterschiedliche Dinge sein. Im Grunde gibt es folgende Muster:

Emotionaler Kauer: Diese Person tendiert aufgrund eines bestimmten emotionalen Zustandes zum Kauen (Stress, Langeweile, Hunger). Hierbei ist es zu empfehlen, neben der Ersatzhandlung noch weitere Hilfsmittel zu platzieren, um genau dieser Emotion den Wind aus den Segeln zu nehmen. Daher sollten in den analysierten Situationen immer auf Dich zugeschnittene Gegenstände vor Ort parat liegen.

Mögliche Hilfsmittel: Ersatzhandlung, Kaugummis, Stressball, Tinkturen, gesunde Snacks (Gemüse, Nüsse)

Der Perfektionist: Dieser Menschentyp beißt aufgrund vorliegender Unebenheiten am Nagel oder der umliegenden Haut. Ihn stört dieser Zustand und daher möchte er diesen umgehend beheben. Hier hilft im Grunde eine saubere Maniküre. Dabei kommt der bereits angesprochene *Habit Stack* zum

Einsatz. Da Du in der Regel noch nicht die passende Routine für Dich gefunden hast, sollten wir diese in Deinen täglichen Alltag einbauen. Hierbei suchst Du Dir eine bestehende Gewohnheit heraus und wir verknüpfen diese im Anschluss mit dem Feilen der Nägel.

Beispiel: Nachdem ich abends [die Zähne geputzt habe], werde ich [alle Fingernägel feilen].
Du baust also eine Gewohnheit nach der bestehenden Gewohnheit auf.

Hilfsmittel: Ersatzhandlung, Nagelschere, Nagelclipper, Feile

Gewohnheitskauer: Hierbei ist das Hauptproblem, dass wir die eigentliche Routine des Kauens in der Vergangenheit nicht identifizieren konnten, weil diese im Alltag einfach untergegangen ist. Das Kauen wurde so unbewusst durchgeführt, dass Du es gar nicht richtig wahrgenommen hast. Die Routine wurde vielleicht sogar aus dem Umfeld übernommen (Eltern oder Freunde) und es fühlte sich nicht einmal falsch an.
Hier haben wir durch das Tagebuch bereits die wichtigste Arbeit gemacht: Du hast herausgefunden, wann Du zum Kauen tendierst. Nun solltest Du Dich auf die Ersatzhandlung fokussieren, denn das Kauen ist bereits in Dein Bewusstsein gelangt.

Hilfsmittel: Ersatzhandlung, Tinkturen, Kaugummis etc.

Schritt 4: Motivation & Partnerschaft

Ohne starke Eigenmotivation wird kein System, welches grundlegende Verhaltensänderungen forciert, auf Dauer von Erfolg gekrönt sein. Da Du dieses Buch bis zu dieser Seite gelesen hast, wird Deine intrinsische Motivation überaus hoch sein. Dennoch schadet es nicht, dass wir uns die Auswirkungen des Nägelkauens auf Dein Leben kurz anschauen.

Selbstbewusstsein: Für die meisten Menschen ist der soziale Druck durch das Nägelkauen der springende Punkt. Man traut sich in alltäglichen Situationen nicht mehr die Hände zu zeigen. Das mag beim Date im Restaurant sein oder beim Kaffeetrinken mit den Schwiegereltern. Meine unangenehmsten Momente hatte ich immer im Schwimmbad, da durch die *Aufweichung* der Haut die Biss-Stellen besonders deutlich sichtbar wurden. Diese täglichen Erinnerungen haben auf lange Sicht enorme Einflüsse auf unser Selbstbewusstsein und der Freude am sozialen Leben. Unterbewusst kann es zur Abkapselung führen und Kontakte zu anderen Menschen sind nicht so, wie sie eigentlich sein könnten. Gerade junge Frauen sind von dieser Art Druck betroffen, wie die bereits angesprochene Studie beweisen konnte[13].

Gesundheit: Ständiges Nägelkauen führt zur massiven Aufnahme von Bakterien und zwingt das Immunsystem jeden Tag zu Höchstleistungen. Gerade Personen, welche oft mit dem öffentlichen Personennahverkehr unterwegs sind, beruflich viel Kontakt zu anderen Menschen haben oder auch medizinische Angestellte sind nur wenige Beispiele besonders gefährdeter Personen. Regelmäßiges Händewaschen sollte zwar eine Selbstverständlichkeit sein, dennoch kann man gerade an den Fingerkuppen nicht so einfach gewährleisten, dass Erreger vollkommen entfernt werden. Darüber hinaus haben Nägelkauer oft Entzündungen an den Fingern, welche durch Einrisse entstehen. Bei mir hatte sich beispielsweise eine Nagelbettentzündung gebildet, welche ohne ärztlichen Eingriff keine Chance zu heilen hat.

Beruf: Menschen werden im beruflichen Leben oftmals nicht anhand ihrer Fähigkeiten befördert oder für eine Gehaltserhöhung vorgeschlagen. Meist spielt das selbstbewusste Auftreten und das eigene Image eine mindestens genauso wichtige Rolle. Hierbei hast Du relativ schlechte Karten, wenn Deine Fingernägel keinerlei Basis erkennen lassen. Dies lässt nämlich darauf schließen, dass Du unbeherrscht bist und Dich Stresssituationen leicht aus der Fassung bringen können. Darüber hinaus ist es nicht von Vorteil bei einem Geschäftsessen mit unappetitlich aussehenden Fingernägeln aufzuschlagen. Daher sind gesunde Nägel vor allem im beruflichen Alltag von großem Vorteil, denn neben einem geschlossenen Gesamtbild fördern sie auch Dein eigenes Selbstvertrauen.

Wie Du siehst, gibt es verschiedene Motivationen, mit dem Nägelkauen aufzuhören. Wichtig ist hierbei vor allem, dass Du selbst hinter diesem Wandel stehst. Um diese Motivation auch noch extrinsisch anzuregen, empfehle ich Dir, eine andere Person in Dein Vorhaben einzuweihen. Das können der Partner, ein guter Freund / eine gute Freundin oder Deine Eltern sein. Hierbei ist es wichtig, dass Du ein *Commitment*, also eine starke Absicht äußerst. Dies hat einen besonders starken Wert, weil Dich andere Menschen aufgrund Deiner vorzeigbaren Erfolge messen können. Dies kann durch regelmäßige Telefonate oder Referenzbilder der beiden Hände erfolgen. Es ist ebenfalls denkbar, alle Nagellängen zu messen und diesen Gesamtwert in einer Tabelle zu dokumentieren. Hierbei sind Dir keine Grenzen gesetzt. Es ist ebenfalls möglich, dass Du Dein Erfolgsjournal für den folgenden Schritt verwendest.

Ab dem Zeitpunkt, wenn andere Menschen involviert sind, tendiert man dazu neben der eigenen Motivation noch eine größere Motivation aufzubauen. Die Einstellung „Und ich schaffe es doch!" ist dabei besonders hilfreich. Gerade ständige Kritiker eignen sich hervorragend, dass diese das Projekt mit Dir gemeinsam verfolgen. Bei Frauen ist der größte Kritiker oftmals die Mutter, bei Männern eventuell der Vater oder auch die Partnerin.

Schritt 5: Erfolge feiern

Der letzte entscheidende Punkt ist, dass man ein Erfolgstagebuch führt. Die intrinsische Motivation sollte bei den meisten bereits sehr hoch sein, doch eine zusätzliche Motivation von außen kann hier nicht schaden.

Gerade in Hinblick auf die Studie bezüglich neuer Gewohnheiten ist es sehr wichtig, dass wir einen langfristigen Erfolg anvisieren. Das erreichen wir dadurch, dass Du den Punkt überschreitest, an dem Dir das Nägelkauen keine Sorgen mehr bereitet. Die Zeit bis dahin ist sehr unterschiedlich, im Mittel dauert es circa 66 Tage. Solltest Du merken, dass Du früher mit dem Kauen aufhören kannst - idealerweise natürlich direkt in den Tagen nach der Umsetzung - ist es dennoch ratsam, Dein Erfolgsjournal weiter zu führen. Solltest Du nach 66 Tagen merken, dass Du immer noch nicht ganz sicher bist, machst Du mit dem Notieren der Erfolge weiter.

Um dieses Tagebuch so einfach wie möglich zu halten, werden wir uns einen Graphen zu Hilfe nehmen, in welchen wir lediglich die tagesaktuellen Erfolge und etwaige Misserfolge eintragen. Dies halten wir mit den folgenden drei Beschreibungen sehr simpel.

Sehr gut: Du hast heute nicht an Deinen Fingernägeln gekaut und daher einen wichtigen Schritt in Richtung positiver Automation geleistet. Im Idealfall hast Du sogar die zusätzlichen Routinen in Form der Maniküre umgesetzt.

Gut: Du hast im Großen und Ganzen gut durchgehalten und nur hier und da kurz an einem Nagel gekaut. Dies ist ausbaubar, allerdings kein Grund zur Sorge. Während Du bei einem Finger kurz schwach wurdest, haben neun weitere heute große Fortschritte gemacht. Auch *manuelle Maniküre*, welche keinen Schaden angerichtet hat und nur zur Ausbesserung genutzt wurde, fällt in diese Kategorie.

Mangelhaft: Du hast Deine Vorsätze heute leider gebrochen und bist in alte Muster zurückgefallen. Mehrere Fingernägel oder die umliegende Haut mussten daran glauben.

Und wie visualisieren wir unsere Erfolge? Ganz einfach, mit dem folgenden Graphen:

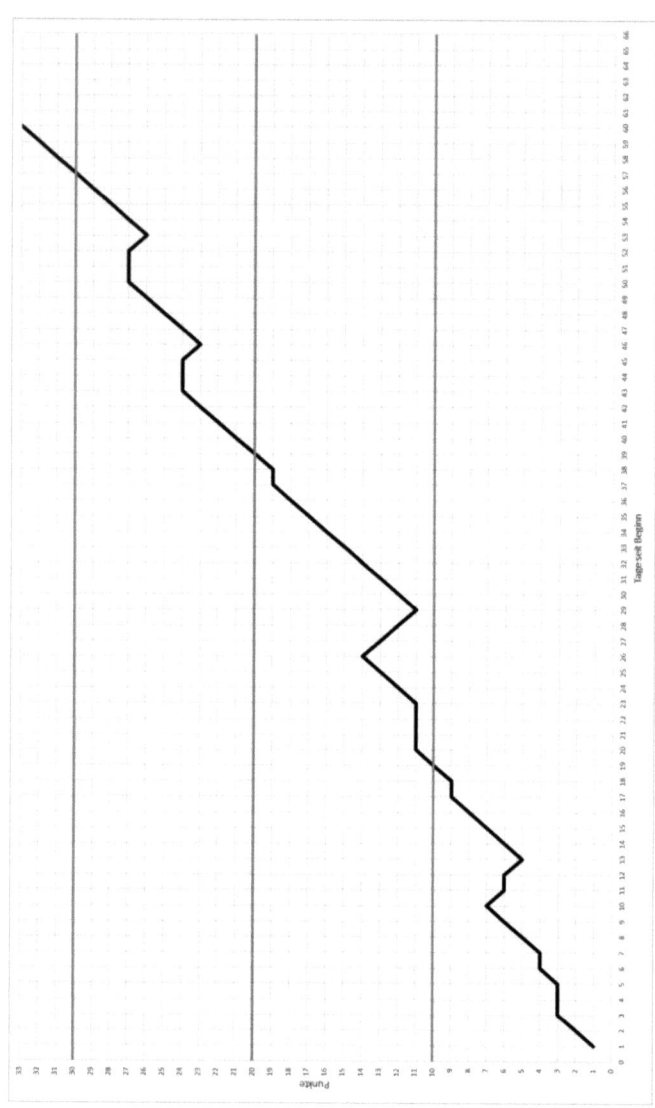

Quelle: Eigene Darstellung.

Das Habit Reversal Training ist darauf ausgelegt, sehr schnelle Erfolge zu erzielen. Die Studien beweisen, dass die meisten Menschen in der Regel nach wenigen Tagen mit dem Kauen aufhören konnten. Daher ist diese langfristige Motivation für sehr schwerwiegende Fälle gedacht. Es schadet allerdings nicht, wenn sich jeder diese zusätzlich Motivation zu Nutze macht.

Das Besondere an dem Graphen sind nämlich die waagerechten (grünen) Linien. Diese stellen einen Meilenstein dar. Zweck dieser Meilensteine ist es, sich bei Erreichung mit etwas zu belohnen. Eine Belohnung richtet sich nach Deinen persönlichen Interessen. Du gehst gerne ins Kino, wünschst Dir seit langer Zeit schon ein Kleidungsstück oder möchtest einfach mal einen Tag Urlaub außer der Reihe nehmen? Jetzt ist die Zeit gekommen, sich dies zu gönnen!

Besonders motivierend wirkte der Graph auf mich, welcher langsam über den gesamten Zeitraum einen positiven Trend aufgewiesen hat. Ähnlich wie in einem Aktiendepot können wir so unsere direkten Erfolge erkennen und guter Dinge in die Zukunft gehen. Im Idealfall ist das Kauen bald Geschichte und wir müssen uns gar nicht mehr weiter damit befassen und haben Zeit für andere Dinge im Leben.

Schlussworte

Ich hoffe sehr, dass Dir dieses Buch gefallen hat und Motivation gegeben hat, Dein großes Ziel in die Tat umzusetzen. Denn nun liegt es an Dir! Wir haben uns nun genug Theorie angeeignet und müssen nun ins Handeln kommen! Die Umsetzung ist, wie in allen Lebensbereichen, der Teil, welcher echte Ergebnisse produziert. Nicht zu handeln, hat in der Regel damit zu tun, dass wir Angst vor dem Scheitern haben. Diese Angst musst Du nun einmal überwinden und der Rest ergibt sich dann von alleine - versprochen! Viele Menschen konsumieren so viele Informationen und fangen nie mit dem ersten Schritt an.

Da der erste Schritt bekanntlich der schwierigste ist, habe ich Deine Starthürde auf das Minimum reduziert. Unter dem folgenden Verweis erhältst Du direkten Zugang zu Deiner Schritt-für-Schritt-Anleitung:

Adresse: www.endlich-kaufrei.de/workbook
Passwort: Kaufrei93

Hier erhältst Du die gesamte Kurzanleitung noch einmal in druckreifem Format. Das bedeutet, dass Du jetzt nur noch einen Ausdruck von Deinem Start entfernt bist. Setze Dich am besten so schnell wie möglich an Deinen Rechner und drucke Dir diese Anleitung aus. Hast Du dazu keine Möglichkeit, kannst Du diese Datei direkt an eine Person Deiner Wahl versenden, welche

Dir dabei helfen kann. Diese Person ist idealerweise direkt Dein Partner, welchen Du in Dein Vorhaben einweihen möchtest.

Darüber hinaus werden auf dieser Seite mit der Zeit weitere Blogbeiträge erscheinen, welche als Ergänzung zu diesem Buch gesehen werden können. Darüber hinaus freue ich mich auf Euer Feedback und Kontaktaufnahmen per E-Mail. Gerne kannst Du mir Deine Erfahrungen schildern und wir veröffentlichen diese Eindrücke, um anderen Menschen die Augen zu öffnen und ihnen Mut zu machen.

Bis dahin wünsche ich Dir alles Gute. Bleib kaufrei!

Dein Marino

Literaturverzeichnis

Ohne die passende Literatur, sei es nun wissenschaftlicher oder populärwissenschaftlicher Natur, wäre die Umsetzung dieses Buchprojektes nicht möglich gewesen. Wer darüber hinaus weitere Detailinformationen aus erster Hand haben möchte, der kann anhand des Literaturverzeichnisses weitere Einblicke erhalten. Bitte beachte, dass das folgende Verzeichnis eine vereinfachte Darstellung ist und nicht vollkommen den wissenschaftlichen Standards entspricht:

1. Azrin und Nunn (1973): Habit-Reversal: A method of eliminating nervous habits and tics.

2. Azrin und Nunn (1976): Eliminating Nail-Biting by the Habit Reversal Procedure.

3. Bakwin (1971): Nail-biting in twins.

4. Bean (1980): Nail growth: Thirty-five years of observation.

5. Benninghoff (1985): Mikroskopische und makroskopische Anatomie des Menschen.

6. Billig (1941): Finger nail-biting: It's incipiency. incidence and amelioration.

7. Bolland (1960): Zur Psychotherapie des Nägelkauens (Onychophagie).

8. Bornstein, Rychtarik, McFall, Winegardner, Winnett und Paris (1980): Hypnobehavioral treatment of chronic nailbiting: A multiple baseline analysis.

9. Bucher (1968): A pocket-portable shock device with application to nailbiting.

10. Christmann und Sommer (1976): Verhaltenstherapeuthische Behandlung des Fingernägelbeißens: Assertives Training und Selbstkontrolle.

11. Clark (1970): Nail-biting in subnormals.

12. Clear (2018): Atomic Habits.

13. Coleman und McCalley (1948): Nail biting and mental health. A survey of the literature.

14. Deutsches Institut für Medizinische Dokumentation und Information (2020): ICD-10-WHO Version 2019, https://www.dimdi.de/static/de/klassifikationen/icd/icd-10-who/kode-suche/html-amtl2019/block-f90-f98.htm

15. Dimino und Camisa (1991): Trichotillomania associated with the „Friar Tuck Sign" and nail-biting.

16. Duhigg (2012): Die Macht der Gewohnheiten.

17. Dührssen (1978): Psychogene Erkrankungen bei Kindern und Jugendlichen.

18. Gruenewald (1965): Hypnotherapy in a case of adult nailbtting.

19. Hein (1969): Zur Behandlung des Nägelkauens.

20. Horan, Hoffman und Macri (1974): Self-control of chronic fingernail biting.

21. Lally, van Jaarsveld, Potts und Wardle (2010): How are habits formed: Modelling habit formation in the real world.

22. Leonard, Lenane, Swedo, Rettew und Rapoport (1991): A double-blind comparison of clomipramine and desipramine treatment of severe onychophagia (nail biting).

23. Leung und Robson (1990): Nailbiting.

24. Maletzky (1974): Behavior recording as treatment: A brief note.

25. Malone und Massier (1952): Index of nailbiting in children.

26. Meinzer und Rist (1983): Verhaltenstherapie des Nägelbeißens. Eine Übersicht zu Therapievergleichsstudien gängiger Behandlungstechniken.

27. Moritz, Peters und Rufer (2010): Entkopplungsbehandlung bei Nägelkauen und Trichotillomanie.

28. Nissen (1971): Die psychische Entwicklung und ihre Störungen.

29. Pennington (1945): The incidence of nail-biting among adults.

30. Rapoport (1991): Recent advanced in obsessive-compulsive disorder.

31. Rosow (1954): The analysis of an adult nail biter.

32. Ross (1974): The use of contingency contracting in controlling adult nailbiting.

33. Smith (1957): Effectiveness of symptomatic treatment of nailbiting in college students.

34. Spiegel Online (2020): Willensanstrengung allein reicht nicht, https://www.spiegel.de/gesundheit/psychologie/naegelkauen-ein-fache-therapie-hilft-beim-aufhoeren-a-1023501.html

35. Thiele (1980): Handlexikon der Medizin.

36. Thorndike (2012): A 2-Phase Labeling and Choice Architecture Intervention to Improve Healthy Food and Beverage Choices.

37. Verplanken und Wood (2006): Interventions to Break and Create Consumer Habits.

38. Wechsler (1931): The incidence and significance of fingernail biting in children.

39. Wikipedia (2020): DSM-5, https://de.wikipedia.org/wiki/DSM-5

40. Wikipedia (2020): Habit Reversal Training, https://de.wikipedia.org/wiki/Habit-Reversal-Training

41. Wikipedia (2020): Paretoprinzip, https://de.wikipedia.org/wiki/Paretoprinzip

42. Wilhelm und Markgraf (1993): Nägelkauen: Deskription, Erklärungsansätze und Behandlung.

43. Wilhelm und Margraf (1991): The swish applied to nailbiting: A multiple baseline analysis.

44. Wurst (1982): Daumenlutschen. Nägelbeißen. Haareausreißen.